The EVERYTHING KIDS'®

地理大发现

[美] 简 · 加德纳　伊丽莎白 · 米尔斯　著
马秋琛　海蒂老豆　译

中国妇女出版社

图书在版编目（CIP）数据

地理大发现 /（美）简·加德纳（Jane P. Gardner），（美）伊丽莎白·米尔斯（J. Elizabeth Mills）著；马秋琛，海蒂老豆译. -- 北京：中国妇女出版社，2017.5

书名原文：GEOGRAPHY BOOK

ISBN 978-7-5127-1401-4

Ⅰ. ①地… Ⅱ. ①简… ②伊… ③马… ④海… Ⅲ. ①地理—世界—儿童读物 Ⅳ. ①K91-49

中国版本图书馆CIP数据核字（2017）第037433号

版权登记号：01-2016-8276

地理大发现

作　　者：〔美〕简·加德纳　〔美〕伊丽莎白·米尔斯　著
马秋琛　海蒂老豆　译
责任编辑：应　莹
封面设计：周周设计局
责任印制：王卫东
出版发行：中国妇女出版社
地　　址：北京市东城区史家胡同甲24号　　邮政编码：100010
电　　话：（010）65133160（发行部）　　65133161（邮购）
网　　址：www.womenbooks.cn
法律顾问：北京天达共和律师事务所
经　　销：各地新华书店
印　　刷：北京中科印刷有限公司
开　　本：185×235　1/16
印　　张：11.5
字　　数：180千字
版　　次：2017年5月第1版
印　　次：2017年5月第1次
书　　号：ISBN 978-7-5127-1401-4
定　　价：34.00元

献给杰西和埃米特——问题的提出者。

——简·加德纳

献给我的父母，他们带我去日本，为我打开了世界。

我永远感谢他们。

——伊丽莎白·米尔斯

致　谢

我要感谢吉娜·帕内蒂耶里对这个项目的耐心帮助。感谢亚当斯媒体的编辑们，尤其是伊丽莎白·卡萨布编辑，给我机会参加这个项目的工作。非常感谢本书合著者伊丽莎白·米尔斯的出色工作。感谢戴安娜让我开始这个项目。感谢简·威廉提供的精神上的支持。感谢埃里克一直以来所做的一切。

引　言

很久以前，人们对地球的大小和形状感到非常好奇，他们想知道其他海岸环绕的土地是什么样子的，那里居住着什么样的居民，他们过着什么样的生活……因此，人们建造船舶去航海，徒步穿越异域的土地，去探索这个伟大的世界。这些探险家描绘出了今天我们所知道的国家。现在，人们在那里设立界碑，建造首都，修筑城市。但是地理学并没有在数百年前结束，今天的地理学家仍然具有同样的好奇心。

要想成为一名地理学家不仅要掌握地理方面的知识，还需要学习以下知识：

- 一些关于地球科学的专门知识，比如，生物学、地质学。
- 一些关于人的科学知识，比如，人类学。
- 最重要的是，要有学习新知识的强烈愿望。

你手中的这本书就是一本可以带你到地球上各个国家旅行的指导书，阅读这本书：

- 你可以学习关于英国、中国、巴西、肯尼亚、美国和其他许多国家和地区的地理知识。

- 你可以了解关于袋鼠和海狮、企鹅和骆驼、北极熊和熊猫、壁虎和蓝鲸的生活习性。

- 你会遇到居住在大城市和小村庄，形形色色、不同种族和肤色的居民。

- 你可以从封面读到封底，也可以从这一章跳跃到下一章。

- 最重要的是，这本书可以帮助你保持旅行的热情，并对周围的事物充满好奇心。

下一次看地球仪时，你也许会发觉这个世界变小了，也变得熟悉了。旋转地球仪，然后用你的手指定住它——看看你的手指正按着哪个地方？也许你有机会前往这个国家，并见到生活在那里的人们。你了解这个国家的哪些情况？你想对居住在那里的人们说些什么？你又会如何描述你的家乡？翻开这本书，你会找到答案。

尊敬的父母

今天的世界正变得越来越小。电视、互联网及其他媒介把我们与其他国家的人与事联系起来。希望这本书可以引导孩子接触外面的伟大世界。这本书将带领孩子环游世界，认识世界各地的风土人情。在每一章，他们可以了解世界上不同的大陆或地区的特色，以及各个国家的自然地理和文化风貌。比如，你会在这本书中读到：

- 撒哈拉沙漠的极端温度。
- 亚马孙雨林多变的气候。
- 喜马拉雅山和安第斯山脉的锯齿形山峰是怎样形成的。
- 在南极洲和北极附近生活着哪些野生动物和植物。

……

当然，一本书不可能涵盖所有的地理知识。但这本书可以激发孩子对世界地理知识，以及生活在世界各地的人们、动物和地貌的兴趣。孩子可以阅读这本书，与同学们一起讨论书中的内容，如果对某个主题特别感兴趣，可以利用其他媒介收集信息，以获得更加丰富的知识。

运用以下方法可以帮助孩子更加深入地探索地理学的世界：

- 学习使用地图或地图册，定位不同国家的地理坐标。
- 向家人们介绍不同国家的美食。
- 在互联网上搜索有关世界各地有趣的人文信息。
- 研究气候和气候变化对生活在世界不同地区的动物的影响。

……

总之，学习的方法是无穷无尽的。我们希望，孩子们通过阅读这本书，会更加热爱我们周围的世界！

——简·加德纳和伊丽莎白·米尔斯

目　录

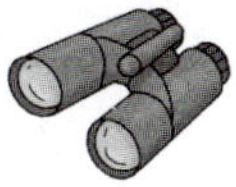

CHAPTER 1

地理真有趣

什么是地理

无论你是早已对地理感兴趣，还是第一次发现它这么有趣，相信你都会喜欢上这本书。这本书将带你环游世界，前往不同的大洲，以及身处不同大洲的不同国家。你可以了解热带雨林、火山、企鹅和飓风，还可以悄悄地看一看这些国家的人和动物是怎样生活的。无论你生活在北方、南方、东方或西方，在这场阅读旅行中，你都会发现有关世界地理的新奇、令人兴奋的事情。但在开始这场旅行之前，你必须知道究竟什么是地理！它有可能包含比你想象中更加丰富的内容。

地理研究涉及许多不同的事物和领域。研究地理的人要思考：

- 地球、地球表面的情况，还有在地球上生活的人类、动物和植物。
- 海洋、地震和山脉。
- 人口、粮食供应和气候。
- 袋鼠、鲸鱼和沙漠。
- 所有相关主题和它们之间的关系。

要知道的词

气候： 气候是指一个地区在较长时期里的天气情况。当科学家谈论某地区的气候时，他们可能正在查看这个地区在过去多年里的温度和降水量数据。最近，你可能在新闻里已经听过有关气候变化的报道，一个地区或整个地球的气候都可能随着时间发生变化。

地理学的两个主要组成部分：

- 自然地理学：是对地球表面的研究，包括气候、高山、海洋，以及在这些区域生长的植物。

- 文化地理学：是对地球上的人类的研究。它关注的是，人们生活在哪里和他们怎样生活。

将地理的自然方面和文化方面结合起来，就构成一个关于整个地球的更长久的故事。

如何成为地理学家

研究地理的人被称为地理学家。地理学家需要知道很多不同的知识和常识。那么，他们都需要知道些什么呢?

- 地理学家需要学习不同的学科，比如，地质学和生物学等。这样，他们可以了解地球上正在发生的事情，以及它们如何影响着生活在那里的生物。
- 地理学家热爱地图。他们需要知道如何阅读地图、理解地图和绘制地图。
- 地理学家要擅长数学，因为他们需要用数字来跟踪和记录数据。
- 地理学家要了解不同的文化和不同的人。
- 地理学家要能熟练使用计算机和应用其他现代化技术。这能帮助地理学家就解决全球性问题进行决策。

有趣的事实

地理信息系统

地理信息系统是一种使研究地理更容易的技术。它使用计算机、卫星、软件和其他数据来了解地理位置和地形。地理信息系统是用于提高地图、地球仪使用效率的模拟系统。这是一个很出色的新技术，是用于研究地理的新技术的一个例子。

也许，某一天你会考虑研究地理！

认识地球仪

地球仪是地球的小圆球模型，上面标注着大陆和海洋。如果你有机会在太空遨游，就能看到地球像一个放大版的地球仪。

- 经纬线：大部分的地球仪都显示赤道、北极和南极。如果你再仔细观察地球仪，可以看到上面绘制了一条条细线。其中，竖直（上下贯穿）的细线被称为经线，水平（左右贯穿）的细线被称为纬线。地球仪上的每个位置都有属于自己的特定的经纬度坐标。这样，我们就可以找到地球上的任何特定位置。

- 赤道：赤道是位于地球中间的一条假想线。赤道的纬度是0度。它把地球分为两半。赤道上方的区域被称为北半球，下方的区域被称为南半球。
- 本初子午线：地球有东西半球之分。本初子午线是一条假想线，它环绕地球，并经过英国一座名叫格林尼治的城

市。本初子午线的经度为0度，右侧为东经，左侧为西经，东西经[1]各180° 。

● 地轴：地球仪通常是倾斜放置在支架上的，这是根据地球自转时的倾斜角度设计的。地球旋转的轴是一条被称作轴线的假想线。这条轴线不是垂直竖立的直线，而是稍微倾斜的。地球每24小时围绕轴线旋转一周，这就是为什么一天是24小时的原因。

● 大陆和海洋：很多地球仪显示的不仅仅有大陆和国家，还有更多的东西。比如，海洋、广大的水域和大山等。有些地球仪上甚至可以显示大山的浮雕，这意味着地球仪是凹凸不平的，山脉区域会高出平面一些。这让地球仪看起来更加真实。在一些地球仪上，除地球外，还能展现其他东西，比如，月亮、太阳，甚至整个夜空。

1 事实上，东西半球的划分并不是按本初子午线划分的。东西半球的划分是以西经20° 到东经160° 划分的。

在世界上的什么地方？

看看地球仪或地图，确定你生活在哪个半球。如果你在美国，那么你就是在北半球，也是在西半球。澳大利亚在哪个半球？马达加斯加呢？问一问你的父母，看看他们是不是知道！

使用地球仪

大部分的地球仪都有大洲标记。有些甚至有各个国家的标记。在家里准备一个地球仪，找到你的家或者学校的位置。你家附近有什么水域？其他大洲在哪里？你和你的家人到哪里旅行过？你正在哪里阅读这本书？

使用地图

花一些时间阅读一下地图或交通图。使用地图注释和图标查找出你的学校、公园和湖泊的位置。你可能会了解到你以前不知道的附近城市的新信息。

要知道的词

制图师：制图师是以描绘地图为职业的人。制图师把绘制表格和图形的技术用到工作中。

海拔：一个地区的海拔高度是指它距离海平面的高度。海平面的高度为0。高于海平面时，海拔高度都是正数。珠穆朗玛峰的顶点是地球上海拔最高的地方。它的高度约是海拔8844米。

如何读懂地图

如果你要学习地理，你需要看很多地图。有许多不同种类的地图，它们有不同的用途。例如，你的家庭轿车的路线导航图；登山时，有一种特殊的地图，可以告诉登山者那些地区的高度；工程师使用地图描绘河流的路径，或者新建道路的位置。

- 注释、图例：许多地图带有注释或者图例。注释帮助你查看地图。例如，你的城市地图可以显示你的学校、铁路轨道、城市公园。地图底部的注释会解释地图上的颜色代表些什么。大部分的情况下，水在地图上是蓝色的，田野或公园中的草地是绿色的。道路通常是黑色的，而未铺砌的道路可能是由圆点或短杠组成的虚线。在地图上你会看到医院、公园、飞机场、街道等注释符号。

- 人口：你可以从地图上的字母的大小来获得信息。通常情况下，最大的字母表示最大的城市，小镇用小字母表示。

- 比例尺：地图有一个比例尺。地图比例尺可以帮助你确定地图上的距离。地图显示的是一个区域的比例模型，与实际大小不一样。为了适应书的一页或一张大纸的尺寸，地图必须按比例进行缩放。这个比例可能意味着地图上的1厘米等于地面上的1百米。如果你在你居住的城镇里走了1百米，那么在地图上你就只移动了1厘米。这让我们的很多工作看起来就像是为了移动一点点距离。

● 公路图：有时，许多地图被放在一起，成为一本叫作地图册的书。许多美国人都会买一本美国地图册放在车上，地图册汇集各个州的公路路线，可以给他们指路。当然，也有描绘全世界所有国家的地图册。

简单符号

如果你理解符号的含义，就会觉得阅读地图很简单。你能将下面的符号与其代表的事物对应上吗？注意，这里有一个符号是多出来的。

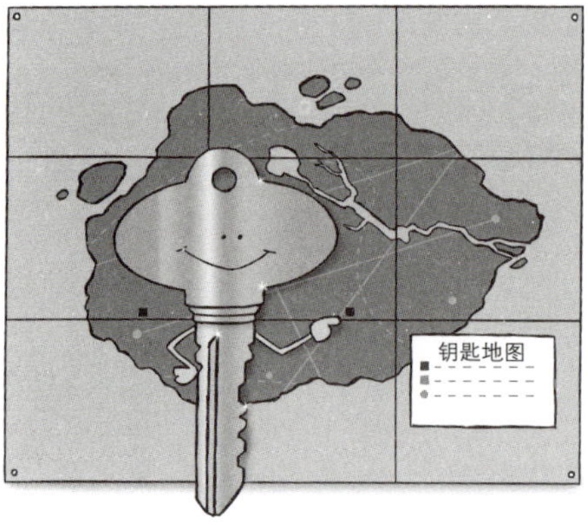

到底有多少国家

地球上有7大洲，它们是：非洲、南极洲、亚洲、大洋洲、欧洲、北美洲和南美洲。这本书会非常详细地介绍每个大陆的情况。

很难回答全世界到底有多少个国家，因为大家有不同的观点。目前，联合国是一个由193个国家组成的组织。

美国承认的主权国家有195个。有的地方认为是197个国家。国家的数量取决于你的观点。例如，联合国不承认科索沃为国家，而美国承认科索沃等为国家。

如果英格兰、苏格兰和威尔士都被列为单独的国家，那么197个国家的统计结果也会被改变。其他人把这3个地区连同北爱尔兰算作一个国家——英国。听起来很混乱吧？别担心，不只你一个人，很多人都感到很混乱！请记住，人们已经承认关于国家的数量存在不同的看法。这正是吸引人们去了解世界的地方！

也许，国家数量有没有确切的数目并不重要。更重要的是要知道地球上有许多不同的国家，每个国家都有自己的地理常识。有些组织可能会争论什么样的地区算作一个国家，但最根本的是，世界上充满了不同的人、不同的地方和不同的事物。这就是地理所要研究的一切。

量出距离

找到一张你所在城市或你的家乡的地图。找到地图底部的比例尺。然后在你的地图上找到你想测出距离的两个点。例如，你可能想知道从你家到学校有多远，也可能想知道你的家乡到首都有多远。试着利用地图比例尺确定它们之间的距离。

老鼠闯迷宫

有一只老鼠看起来迷路了，
你能帮它找到它的朋友吗?

熔——化——

如果你想在地球上拥有一个舒适的家，就去挖地洞吧！随着接近地球中心，你会感到越来越温暖。但如果挖得过深，地核可是非常炎热的（里面充满了熔岩），你会被熔化。

地理是怎样变化的

有趣的事实

联合国

联合国正式成立于1945年10月24日，其主要任务是解决地球上人类面临的问题，包括维护和平、人道主义援助和许多其他的工作。

与记住国家的名字相比，记住国家的数量似乎很容易。要记住各个国家的名字是非常困难的，因为某些国家会分裂成新的、更小的国家，还有一些国家会改变自己的名称。

如果你看一下20世纪70年代的地图，你会看到这些国名，例如，横跨欧亚大陆的苏联、位于欧洲的捷克斯洛伐克。现在地图上已经没有这些国家名称了，在相对应的位置上是一些新的国家名称。

我们很难准确掌握世界各地国家名称的情况。有时也很难弄清应该如何把这些国家编排分区。世界有7大洲，但是有些国家属于两块大陆。亚洲和欧洲都是地域广阔的大洲，它们之间的分界线并不总是明确的，一些国家分布在两个大陆上。土耳其和俄罗斯的领土有一部分处在欧洲，而另一部分处在亚洲。有些国家不属于任何大陆，例如新西兰就位于太平洋的岛屿上。

你要记住的重要信息是：国家所处的地理位置，不是唯一的给国家分类的方式，还有其他的方式能给这些国家分类。这里只想说明，地理不是一成不变的，而是一门不断变化的学科。新的信息、科学的进步、政治的变化都可能改变你的地理课的内容。

岛屿识别

当你看着地图时，形状可以帮助你分辨陆地。下图中的飞行员马克非常高兴，因为他知道如何通过形状分辨岛屿。

马克需要找到这样一个岛屿：有5个边、有山脉而没有湖泊。马克要找的是哪个岛屿，你知道吗?

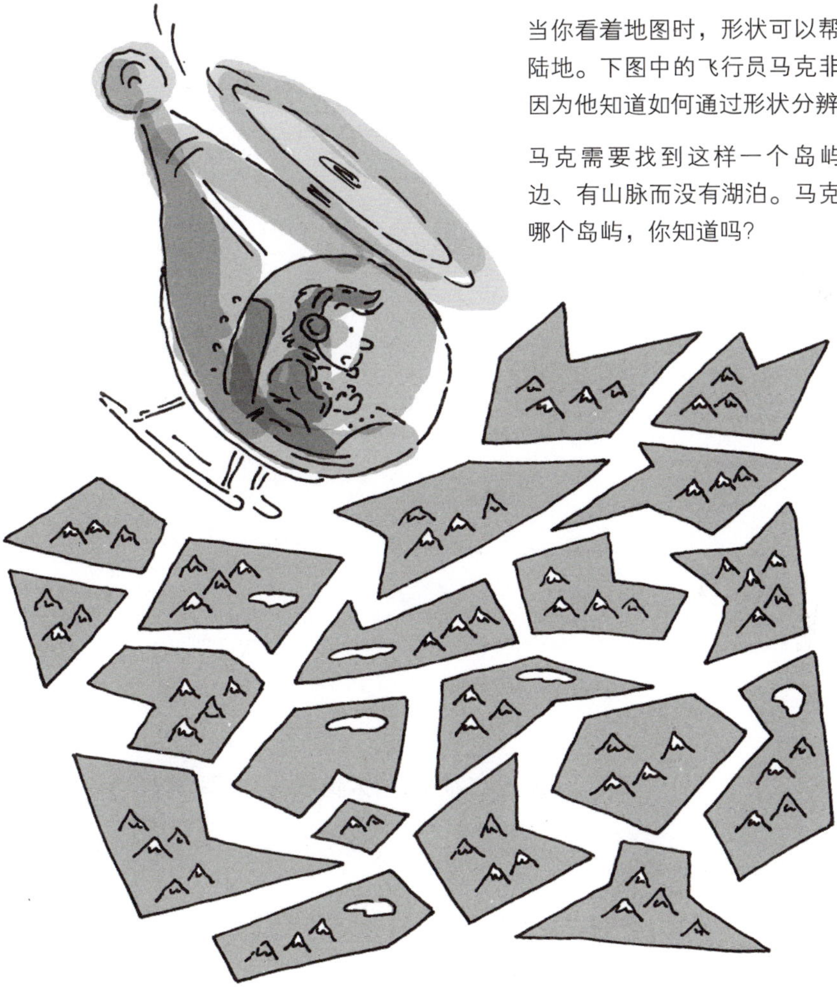

沙颈岬

沙颈岬是指将大陆和岛屿连接起来的沉淀物或沙洲。

穿越大海

只有一条路线能帮助你穿越大海，按照数字的顺序
将下图中所有的点连起来，你会找到这条路。

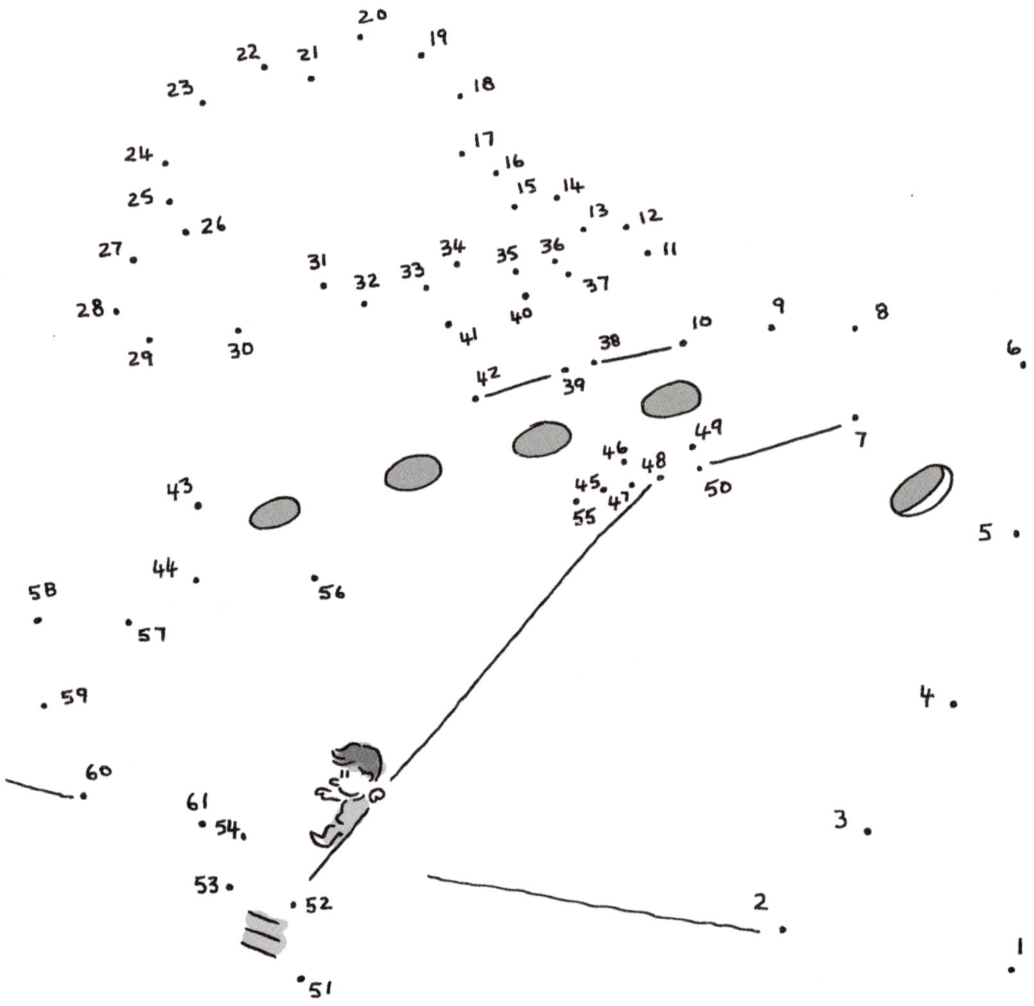

CHAPTER 2

美利坚合众国

自由之地，勇者之家

地理知识知多少

美 国

首都	华盛顿
最低点	死谷（–86米）
最高点	惠特尼峰（4418米）
国定假日	独立日 7月4日（1776年）
人口	约3.04亿
国土面积	约91690平方千米

新英格兰

州	首府	昵称
康涅狄格州	哈特福德	宪法之州
缅因州	奥古斯塔	松树之州
马萨诸塞州	波士顿	海湾之州
新罕布什尔州	康科德	花岗岩之州
罗得岛州	普洛威顿斯	海洋之州
佛蒙特州	蒙彼利埃	绿岭之州

欢迎来到美利坚合众国。

美利坚合众国北临加拿大，南临墨西哥，东临大西洋，西临太平洋。这里最初的居民是美洲土著人。一直到几百年前，美洲土著人和欧洲人开始共同生活在这里。这听起来似乎是一段很漫长的历史，但是如果你能像地理学家那样思考，就会发现这些其实是一件很平常的事情！

如今，来自全球各地的人们在这里工作、学习和生活。美国是世界上人口第三大国，只有中国和印度的人口比美国多。

在这一章中，你将了解美国各州、各地区，以及这些地方的各种景观，它们构成了这个伟大的国家。你会学到为什么阿巴拉契亚山脉没有落基山脉高，是什么让落基山脉拥有高耸的山峰；为什么这里的大平原那么平坦。你会发现不同的气候和地形，形成了美国各个地区的地貌。

现在，让我们来一场美国公路旅行，沿着公路穿越美洲！

走出东方——新英格兰地区

最早生活在新英格兰的是阿尔冈昆人，他们讲美洲原住民语言。

早期移民到这一地区生活的欧洲人是英国清教徒，他们希望能够实践自己的宗教自由，而不受英国教会的迫害。

新英格兰因为聚集作家、诗人和哲学家而闻名。美国第一所大学——哈佛大学，就坐落在马萨诸塞州的剑桥城。哈佛大学创立于1636年。

暴风雪和热浪

在新英格兰，季节变化非常显著。到了秋天，落叶覆盖在马路和人行道上。夏天的绿色变成了秋天的红色、橙色、黄色和棕色。对于游客来说，这是一年中最繁忙的季节，大家都忙于欣赏美景。

新英格兰的工业

新英格兰的土地布满了岩石，这里的冬天非常寒冷，这意味着这里不是农作物适宜生长的地区。大多数新英格兰人不得不寻找其他途径来赚钱。他们转向大西洋的新鲜海鲜。马萨诸塞州的科德角就是以一种鱼的名字命名的。这里还有著名的让美国人痴迷的缅因州

你知道吗?

如何制作枫糖浆

在每年寒冷的2～4月，佛蒙特州的农民从枫树里收集汁液。他们把汁液带进一个叫作糖房的小屋里。在那里，他们把汁液烧开，蒸发掉一些水分，汁液就变得浓稠了。

现在，枫糖浆已经做好了，把它倒在一叠煎饼上！佛蒙特州是美国最大的枫糖浆产地。

龙虾。

现在，因为渔业产量大幅下降，捕鱼业并不像过去那样发达了。环保主义者指出，这是过度捕捞的后果——从水中捞取了太多的鱼，而不给它们时间来恢复生息。制造业和商业成为这个地区的支柱产业，而大量的学院和大学也缓解了当地的就业问题。

科德角灯塔

科德角是新英格兰地区最具特色的地理特征之一，也是最容易在地图上找到的坐标之一。它是一个半岛，看起来像一个又长又瘦的手臂伸到大西洋里。科德角湾位于科德角半岛的“上臂”，楠塔基特湾位于它的南面，巴泽兹湾坐落在科德角海角的“腋窝”。旅游业是科德角的重要产业，这里拥有许多海滩，很受游客们欢迎。

中大西洋地区

新英格兰以南是中大西洋地区。与新英格兰或南部相比，这里吸引了越来越多的来自不同地区的欧洲人定居。从赌场、游乐园到海滨野餐，再到宾夕法尼亚的民间艺术，都让大西洋中部地区成为一个非常有趣的地方。

华盛顿哥伦比亚特区（简称华盛顿[1]）位于中大西洋地区。华盛顿不是一个州，所以没有自己的首府或昵称。作为美国的首都、白宫的所在地，华盛顿拥有华盛顿纪念碑、美国国家博物馆和其他著名旅游景点，每年有超过2000万人次到这里访问！

高峰和低谷

很久以前，冰川穿过美洲东北部地区，创造了山峰和河谷。阿巴拉契亚山脉是一条从加拿大的纽芬兰省起，向下延伸至美国南部亚拉巴马州中部山区的链条，全长共计2400千米。新罕布什尔州的华盛顿山是阿巴拉契亚山脉东北侧的最高峰，高约1874米。这座山以变化无常的天气和时速超过370千米/小时的疾风闻名！

继续沿着布满岩石的东部海岸旅行，最终你会与哈德逊河和新泽西州的沙滩相遇。泽西海岸沿大西洋延伸210千米。那里以赌场、维多利亚式房屋、木板人行道和游乐场闻名。

地理知识知多少

中大西洋地区

州	首府	昵称
特拉华州	多佛	第一州
马里兰州	安那波利斯	老战线之州
新泽西州	特伦顿	花园之州
纽约州	奥尔巴尼	帝国之州
宾夕法尼亚州	哈里斯堡	基石之州

中西部

州	首府	昵称
伊利诺伊州	斯普林菲尔德	草原之州
印第安纳州	印第安纳波利斯	山地人之州
爱荷华州	得梅因	鹰眼之州
密苏里州	杰斐逊城	索证之州
密歇根州	兰辛	狼獾之州
明尼苏达州	圣保罗	地鼠之州
俄亥俄州	哥伦布	七叶树之州
威斯康星州	麦迪逊	美国獾之州

1　美国西北部的一个州叫华盛顿州，与这里提到的美国首都华盛顿不是一个地方。

水，到处都是水

现在，让我们前往位于美国纽约州和加拿大安大略省之间的边界。你一定要记得穿上雨衣！安大略省的尼亚加拉瀑布城和纽约州的尼亚加拉瀑布城构成了一个瀑布群。它们像一对孪生兄弟，瀑布群位于其间。你能猜到这些瀑布被称作什么吗？——尼亚加拉大瀑布，你猜对了吗？位于加拿大境内的瀑布落差有50米，位于美国境内的瀑布落差为20米～33米。在这里，每分钟有超过17万立方米的水落下来，每天如此。水流速度也非常快，时速超过97千米/小时。

往南行进，靠近巴尔的摩的海湾叫切萨皮克湾，这是美国最大的河口。它大约有322千米长，拥有5159千米的海岸线，在冰川时代末期形成。切萨皮克湾生活着许多鱼类、贝类，这里还有著名的托马斯灯塔。

要知道的词

河口： 河口是一片水域，河流或小溪在那里与大海交汇。在切萨皮克湾河口，萨斯奎汉纳河、波托马克河和拉帕汉诺克河等几条河流流入大西洋。

输出： 输出产品是指把产品卖到其他地方。伊利诺伊州把牛输出到美国其他州。

内陆： 内陆是指附近几乎没有，或完全没有大的水域的地方，周围都是陆地。

中西部

一路向西，经过宾夕法尼亚州，我们进入俄亥俄州和美国中西部地区。因为地理位置位于中间地带，中西部和平原地区有时也被称为美国的“心脏地带”。

产　业

中西部地区的经济非常繁荣。一些大城市，像芝加哥、明尼阿波利斯–圣保罗（双子城）等是这里的商业中心，而威斯康星州和爱荷华州的经济则主要依靠种植农作物，然后将其输送到美国各地。然而，在其他农业没有爱荷华州发达的地区，它们将经济产业转为信息产业、制造业或保险业。知道如何做好更多的事情，对于取得成功非常有帮助。

河流和湖泊

在中西部地区，水路对经济非常重要。密西西比河是美国最长的河流，是这个地区航运和旅行的主要航线。作为明尼苏达州的双子城，明尼阿波利斯–圣保罗位于密西西比河的两岸。密西西比河在密苏里州的圣路易斯附近和密苏里河交汇。

航运线路连接着5大湖（密歇根湖、苏必利尔湖、安大略湖、伊利湖和休伦湖）。在密歇根州的苏圣玛丽市的水闸——或者说运河，使船舶可以在苏必利尔湖和休伦湖之间航行。这些水闸是世界上最繁忙的水闸。即使你不靠近海洋，也可以在中西部地区驾船旅行。事实上，密歇根州是公认的航海胜地，那里拥有船只的人比其他州都多！很多人都认为明尼苏达州有上万个湖泊，但实际上其数量更接近1.5万个。明尼苏达这个词来自达科他语，意思是“天空色的水”。你不认为这是一个好名字吗？

世界上有什么？

密歇根狼獾

密歇根大学的吉祥物是狼，密歇根州的昵称是“狼獾之州”。然而，约200年间，没有人在密歇根州真正看到过狼獾。2004年，一位生物学家在密歇根州最大的城市底特律附近发现了一只狼獾。昵称之谜解开了！

要知道的词

印第安人保留地：指在公共土地里划分出来的保留区域，当地的美国原住民在那里生活。美国有超过300片原住民保留地。

地理知识知多少

大平原

州	首府	昵称
堪萨斯州	托皮卡	向日葵之州
内部拉斯加州	林肯	剥玉米皮（乡巴佬）之州
北达科他州	俾斯麦	摇尾松树之州
南达科他州	皮尔	拉什莫尔山之州

大平原

如果向西行进，我们就来到了平原。这里没有高山或丘陵的阻挡，所以风力很大。由于地处内陆，这里有着极端的天气变化——干燥的夏季和寒冷的冬季。

欢迎来到中心地带

想象一下，绵延起伏的大草原，一排排的玉米、小麦和大豆在炽热的阳光下生长。四周是马场和开阔的草原。广袤的平原映入你的眼帘。从前，这片土地上生活着许多土著民族，包括阿帕切族、南达科他族（苏族）、夏安族和科曼奇族。他们在这里打猎、耕种和生活。现在，那里的原住民仍然分散地居住在保留地。

农田和荒原

大约在1万年前，最后一个冰川时代，冰川覆盖了大部分中西部地区。冰川运动造成的侵蚀导致中西部地区出现或平坦或起伏的地形，形成了当地肥沃的土壤和良田。

几条河流穿过密苏里州、阿肯色州和堪萨斯州等平原地带。在南达科他州、北达科他州的荒地和内布拉斯加州中部的桑德丘陵上生长着绿色的植被，保护着这里的沙丘。

爬上南达科他州的布拉克山，你会看到4位总统的脸正朝着你。每位总统的脸都有18米高。

雕塑家格曾·博格勒姆于1927～1941年，在山上雕刻了4位总统的头像。

要知道的词

支流：指细小、流动缓慢的水域，多与小河相连。许多水栖动物类生活在支流，如小龙虾、一些小虾和鲶鱼等。

南　行

驱车继续南行，那里有位于南卡罗来纳州和北卡罗来纳州的白色沙滩、路易斯安那州的沼泽和支流、西弗吉尼亚州和田纳西州的大烟山、佛罗里达州的湿地，还有亚拉巴马州和密西西比州的大草原。

古怪单词

美国中西部的农民在辛苦耕作一天后都会用唱歌的方式放松一下。下文收录了他们哼唱的古怪歌词，你能将歌词填写完整吗?

_ountain _oving _akes _en _iss _issouri.

_owardly _olorado _ows _hew _uds.

_ngels _re _ttracting _nts _t _rizona.

_hy _ould _ise _omen _ander _yoming?

_llinois _sn't _n _ndiana _s _t?

要知道的词

轧棉机：轧棉机是一种机器，可以很容易地将纤维从棉花中分离出来，它比人工劳作更有效率。轧棉机的英文名称是*cotton gin*，这个词组里的*gin*是发动机的意思。

棉花与冲突

自从1793年发明了轧棉机 ，棉花产业给亚拉巴马州和密西西比州带来了人口。这个行业需要更多的劳动力，所以当地的种植园主们使用了大量的奴隶。

北方各州反对奴隶制，他们认为把一个人归于另一个人所有，并强迫他们辛苦地工作，而得不到应有的报酬和待遇，是错误的。然而，生活在南方各州的人却认为，对于当地的产业发展，奴隶是必要的。南北两方爆发了战争，揭开了内战的序幕。内战从1861年持续到1865年，以南方的失败告终，奴隶获得了自由，南方被迫重建。

南方的商业

今天，南方拥有着多种多样的产业。佛罗里达州温暖的气候非常适合种植柑橘，路易斯安那州和阿肯色州适合种植水稻，佐治亚州适合种植桃子，此外南方还种植着许多其他种类的农作物。

西弗吉尼亚州的主要产业为矿业，北卡罗来纳州是美国的家具之都。在墨西哥湾沿岸，渔民以捕捞出售虾和牡蛎为生。可口可乐公司总部设在佐治亚州的亚特兰大。游客们为了美食、历史和娱乐活动涌向南方。如果让你选择访问一个美国南方的州，你会去哪里?

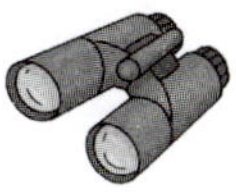

只有工作没有娱乐只会让南方变成平淡无奇的地方。所以让我们看看在这里可以做哪些有趣的事情。赛马和赛车是肯塔基州和北卡罗来纳州非常流行的两个娱乐项目。肯塔基赛马是在一个叫丘吉尔园马场的地方举行的。这是一项全长2011米，针对3岁纯种马设计的赛马比赛。纳斯卡斯普林特杯系列汽车赛事会在北卡罗来纳州举行，汽车环绕着椭圆形赛道飞驰。南方也是许多不同类型音乐的发源地，包括蓝调音乐和蓝草音乐。

沼泽和洞穴

佛罗里达州南部的气候属于亚热带气候，这意味着这里将面临雨季。天啊，雨季真的是十分潮湿！阴雨天气从4月到10月，持续7个月之久。大部分的降雨来自飓风和雷暴。在佛罗里达州南部，有一个野生动物保护区被称为“大沼泽地”，就是因这里的潮湿天气得名的。许多种哺乳动物、鸟类、爬行动物和植物生活在沼泽地里。

要想前往肯塔基州，我们可以通过步行、爬行甚至蠕动，穿过马默斯洞的大大小小的洞穴到达。这里是世界上最大的洞穴体系。水和石灰岩历经数百万年才形成这里的隧道和空间。为了安全起见，前往洞穴时，你应该与一两个朋友同行！

地理知识知多少

南部

州	首府	昵称
亚拉巴马州	蒙哥马利	迪克西心脏
阿肯色州	小石城	机会之州
佛罗里达州	塔拉哈西	阳光之州
佐治亚州	亚特兰大	南方帝国之州
肯塔基州	法兰克福	蓝草之州
路易斯安那州	巴吞鲁日	鹈鹕之州
密西西比州	杰克逊	木兰之州
北卡罗来纳州	罗利	焦油脚跟之州
南卡罗来纳州	哥伦比亚	棕榈之州
田纳西州	纳什维尔	义勇军之州
弗吉尼亚州	里士满	老自治领
西弗吉尼亚州	查尔斯顿	山脉之州

西南部

州	首府	昵称
亚利桑那州	菲尼克斯	大峡谷之州
内华达州	卡森城	银山之州
新墨西哥州	圣菲	迷人之地
俄克拉荷马州	俄克拉荷马城	抢先之地
得克萨斯州	奥斯汀	孤星之州

迷你山

路易斯安那州的一些陆地是美国地势最低的陆地。事实上，这里最高的山峰的高度只有海拔163米，叫德里斯基尔山。由于高度不够，这座山并不完全有资格被称为山。你认为多高的山才有资格被称为山？这个问题困扰着下图中的很多山，但是其中只有两座是真正的山。你能找到它们吗？这两座山上有云、雪，并且太阳照在它们的西侧。

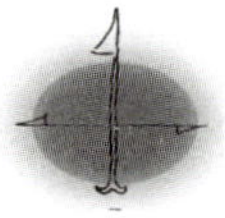

藏在显眼的位置

地球上高山环绕。虽然有些山处于明显的位置，但能看到它的人却寥寥无几。这是为什么呢？

一些山上升了几千米，但仍然没有露出海平面。

在肯塔基州的坎博兰瀑布州立公园，会出现一个神秘的现象：在晴朗的满月夜晚，你可以看到在瀑布和峡谷上方的丰富多彩的月虹。在西半球的其他地方，你是无法看到月虹的！

西 南

现在，让我们开车前往尘土飞扬的西南地区。与佛罗里达州不同，这里每年的降水量不足13厘米，所以天空全年都很晴朗。内华达州是国家最干旱的地区，每年降雨和降雪的总量不足23厘米。仙人掌最喜欢这种炎热、干燥的天气。这里的一些仙人掌甚至可以长到15米高。

西南部的历史

最早在西南部定居的是美洲印第安人，他们居住在普韦布洛村落。他们用沙子、黏土、水和棍棒制作的土坯来建筑房屋， 并以此闻名。之后，纳瓦霍人来到了这里，紧接着到来的是西班牙移民。尽管这里现在是美国的一部分，但从其语言、宗教、建筑和食物等方面仍然可以看到西班牙的影响。

20世纪30年代在俄克拉荷马州，恶劣的耕作方式和干旱造成了整个地区的沙尘暴现象。因此，俄克拉荷马

棉花现金

美元纸币含有75％的棉。棉纤维经过加工后，会变得非常结实。把美元纸币拿起来，对着灯光看。你看到纤维了吗？不要妄图用美元纸币做衬衣，那可太昂贵了！

世界上有什么？

蓝 草

肯塔基州被称为“蓝草之州”，因为在春天，那里的草地和田野被青草覆盖，草地上开满了蓝色的花。“蓝草”也是一种音乐，主要运用弦乐器演奏，如吉他、班卓琴和小提琴。

州的绰号是“尘土盆”。

西南地区的主要产业包括采矿业、科技业、旅游业、石油和航天业。1961年，美国国家航空航天局在休斯敦成立了太空中心，叫作林顿·约翰逊航天中心。宇航员在那里接受训练，工程师在那里的控制中心监控太空任务的完成情况。

壮丽的风景

科罗拉多河流入著名的科罗拉多大峡谷已有百万年的历史。大峡谷全长约360千米，深约1600米。这里的气温和天气变化相当大，人们很难进行徒步旅行。但是，这里的大峡谷国家公园却是世界上最著名的旅游景点之一，每年会迎来大约500万名游客。

在新墨西哥州，你可以在瓜达卢佩山脉找到卡尔斯巴德洞穴。这些洞穴不是像马默斯洞穴那样由水和石灰岩形成的，而是由一种叫硫酸氧化物形成的。卡尔斯巴德国家公园有100多个洞穴。一些洞穴有着不寻常的名字，如气球舞厅、高大巧克力、白色巨人大厅、精灵世界等。

你知道吗？

蝙蝠出动

得克萨斯州奥斯汀市拥有美国最大的城市蝙蝠聚集地！约有150万只墨西哥自由尾蝙蝠聚集在理查兹国会大道桥。蝙蝠节是当地一年一度的活动。节日时，可以见到特色艺术品、工艺品、食品、音乐，当然还有蝙蝠。

落基山脉

跟随科罗拉多河向北，就来到了山区。在这里，你可以看到白雪覆盖的落基山脉。双板滑雪和单板滑雪等冬季运动在这里很受欢迎。美国盐湖城附近的滑雪区每年都有超过10米厚的雪！2002的冬季奥运会就是在犹他州举行的，有超过2000名来自世界各地的运动员参加比赛。

得克萨斯–墨西哥鸡蛋

你爱吃鸡蛋吗？下次可以尝试一下往鸡蛋里加入一些辣椒粉。在美国西南部，辣椒是当地菜肴风格的重要部分，被称为得克萨斯–墨西哥。这可有点儿辣，所以不要加太多！

爬得很高

落基山脉空气稀薄，在这里行走你会感到呼吸困难。因为这里的气候总是非常寒冷，这里的许多山峰都常年被冰雪覆盖。

埃尔伯特峰是落基山脉的最高峰，它约有4400米高。科罗拉多州的平均海拔超过2000米，是美国海拔最高的州。

地理知识知多少

山 区

州	首府	昵称
科罗拉多州	丹佛	百年之州
爱达荷州	博伊西	宝石之州
蒙大拿州	赫勒拿	财富之州
犹他州	盐湖城	蜂窝之州
怀俄明州	夏延	平权之州

落基山脉东侧的土地虽然非常干旱，但是这里仍然种植着小麦和玉米，并饲养了一些牛和羊。爱达荷州南部也有着广阔的田地，主要种植着土豆、豌豆和其他农作物。这里的经济主要依靠——你可能已经猜到——种植、采伐、挖掘、畜牧和旅游。

原 野

爱达荷州是除阿拉斯加州之外荒野面积最广阔的州。这里拥有大片没有经过开垦的土地，属于真正的原始状态。

蒙大拿州通常被称为“大天空之州”，因为在该州东部的土地平坦开阔，天空看上去更加广阔。位于蒙大拿州的冰河国家公园拥有2000多片湖泊、茂密的森林、广袤的草原和50多个冰川。虽然这里在夏季非常温暖，但在冬季却非常寒冷，温度远远低于零度。

蒙大拿州西部的落基山脉的顶部构成了大陆分水岭。分水岭西侧的降水流入太平洋。东侧的降水流入大西洋。

在怀俄明州的黄石国家公园里生活着灰熊、狼和成群的野牛。公园里有一座非常著名的间歇泉，叫“老忠实喷泉”，它喷出的水热气腾腾，可达56米高，大约每80分钟喷发一次。当你来这里游玩时千万要注意不要太

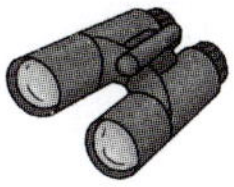

靠近喷泉，因为泉水很烫！

位于犹他州的布赖斯峡谷和锡安峡谷国家公园以淡红色、棕褐色、橙色和白色的岩石著称，景色非常壮观。位于纳瓦霍族保留地的纪念碑谷地也拥有深红色、黑色和蓝灰色的岩石。

这是西海岸

最后，我们来到西海岸。在经过沙漠和荒野后，看看浩瀚蔚蓝的太平洋真是一个不错的选择。在这里，你可以看到冲浪、帆船和棕榈树。但在19世纪，到这里来的人们眼中只有黄金。

淘金热

19世纪四五十年代，人们分别在加利福尼亚和华盛顿州发现了黄金。19世纪90年代，人们在阿拉斯加州也发现了黄金。消息一经传出，大批淘金者慌忙拥向西部，从而引发了一场“淘金热”。他们乘坐大篷车来到这里，因为那时横贯大陆的铁路尚未修好。这个伟大的迁移使加利福尼亚州的人口在“淘金热”的头两年里增长了大约8.6万人。如今，加利福尼亚州是美国人口最多的州，经济也非常繁荣。每年有数以百万计的游客前往加利福尼亚州旅游。

地理知识知多少

西海岸

州	首府	昵称
加利福尼亚州	萨克拉门托	黄金之州
俄勒冈州	塞伦	河狸之州
华盛顿州	奥林匹亚	常青之州

有趣的事实

最早来到加利福尼亚州淘金的人被叫作“四十九淘金者”。1849年，其他州的人纷纷来到这里寻找黄金。他们称自己为阿尔戈英雄。阿尔戈是希腊神话中寻找金羊毛的人。

西海岸产业

像东海岸一样，西海岸也拥有海港城市，例如圣迭戈、洛杉矶、旧金山、波特兰和西雅图。如东海岸一样，这些城市也成了西海岸的经济和商业中心。这里还拥有其他具有区域性特色的产业，如航空、软件开发和农业等。

地震和火山

你有没有想过，为什么西海岸发生的地震比东海岸多呢？这是因为加利福尼亚州、俄勒冈州和华盛顿州位于地壳的不同板块。当这些板块相向移动时就会引发地震。

这里也有火山爆发区。喀斯喀特山脉，包括圣海伦斯山和雷尼尔山，是环太平洋火山带——环太平洋的火山和山脉的组成部分。美国大陆全部有纪录的火山喷发事件都源于喀斯喀特山脉。

有趣的事实

沙滩城堡日

每年的6月，在俄勒冈州的坎农海滩，人们会集聚起来雕塑沙城堡。参与的人中有些是专业人士，有些则是孩子和他们的家人。每个人都会饶有兴致地雕塑自己漂亮的沙滩城堡。

阿拉斯加和夏威夷

阿拉斯加和夏威夷是最后被获准加入美国的两个州。它们都是在1959年加入美国的，而且只有这两个州与美国的其他部分不相互接壤。这两点是两个州仅有的共同点。

断　层

美国的西部和东部沿海地区之间的主要区别之一是西海岸的断层。虽然东部地区也有断层，但西海岸的断层更多。

断层的英文是FAULT，你能在下面的字母表中找到几个断层（FAULT）？

A	U	L	T	F	A	U	L	T	F	L	A	T
F	A	F	A	U	L	F	A	L	T	U	F	U
T	L	U	F	U	A	L	T	F	A	U	T	L
A	F	L	F	A	U	L	T	U	A	L	T	Y
U	F	U	A	T	F	U	A	L	T	F	F	A
F	T	L	U	A	F	T	L	U	F	L	U	T
A	A	F	L	U	A	L	F	U	A	L	T	A
U	F	U	T	U	A	F	L	A	F	L	F	T
L	T	U	A	F	T	L	U	A	T	F	A	U
F	A	U	F	A	L	U	T	U	L	U	A	F
F	A	U	T	L	U	A	F	A	U	T	L	F

地理知识知多少

阿拉斯加和夏威夷

州	首府	昵称
阿拉斯加州	朱诺	最后的边疆
夏威夷州	火奴鲁鲁	迎宾州

阿拉斯加州

哈哈，真冷呀！阿拉斯加处于被冰雪覆盖的苔原地区，冬天非常寒冷，尤其是在麦金利山上。麦金利山是美国北方第一高峰，高约6200米。在美国北部最高的20座山峰里，有17座在阿拉斯加。夏天，太阳在白天和黑夜都会出来，你可以看到北极光，就像彩色灯光在天空中舞蹈。阿拉斯加以其美丽的风景和野生动物而闻名。这里生活着鹿、野牛、麋鹿、鲸、鹰、海豹、海狮、水獭、狼和熊等。

阿拉斯加毗邻加拿大，而且它比美国的其余地区更接近俄罗斯。实际上，阿拉斯加曾经是俄罗斯的一部分。俄国人在1867年把它卖给了美国。

这可能听起来并不是很昂贵，但阿拉斯加是如此之大，买下它花费了美国720万美元！阿拉斯加拥有比其他任何州都广阔的土地，但一个这样大的州却没有太多的人口。美国只有3个州的人口比阿拉斯加少。阿拉斯加的经济主要依靠石油产业和渔业贸易。

夏威夷

经历过冰雪后，夏威夷温暖的海滩一定会令你觉得非常舒适。夏威夷是太平洋上的一个群岛州。夏威夷的岛屿是由海底火山喷发形成的。基拉韦厄火山是夏威夷最活跃的活火山。它自1983年开始至今没有停止过喷发。如果你去火山国家公园，就可以看到它。你无法看到的是一座被称为“罗希”的夏威夷新岛屿。它现在仍然处于太平洋的水面之下，要经历数万年后才能露出水面。

一些有趣的野生动物生活在夏威夷岛屿上。这里生活的鸟类大多是红色或黄色的，颜色十分鲜艳。同时，这里也有一些熟悉的面孔，夏威夷雁看上去很像加拿大鹅。这两种物种实际上是有亲缘关系的。你可能已经猜到了，这里也有很多生活在海里的动物。比如，在距离岛屿很远的海洋游动的鲸鱼、海豚和鲨鱼等，以及在夏威夷海滩产卵的海龟。夏威夷僧海豹是一种濒临灭绝的物种，并且人们只在夏威夷发现了它们的踪迹。旅游业是夏威夷的主要产业，菠萝和甘蔗是这里的主要农作物。

你知道吗？

阿拉斯加

在欧洲人到阿拉斯加定居之前，这里居住着包括爱斯基摩人和阿留申人等拥有着不同文化的人。阿拉斯加这个名字实际上来自当地原住民的语言，意思是“伟大的土地”。

CHAPTER 3

加拿大、墨西哥和更远的地方

地理知识知多少

加拿大的省份和地区

省	首府
阿尔伯塔省	埃德蒙顿
不列颠哥伦比亚省	维多利亚
曼尼托巴省	温尼伯
新不伦瑞克省	弗雷德里克顿
纽芬兰与拉布拉多省	圣约翰
新斯科舍省	哈利法克斯
安大略省	多伦多
爱德华王子省	夏洛特敦
魁北克省	魁北克
萨斯喀彻温省	里贾纳

地　区

地区	首府
努纳武特地区	伊魁特
西北地区	耶洛奈夫
育空地区	怀特霍斯

加拿大

首都：渥太华

最大的城市：多伦多

官方语言：英语、法语

国土面积：约998.5万平方千米

人口：约3310万（2008年估算）

啊，加拿大

加拿大地域辽阔，是世界上国土面积第二大国。它东临大西洋、西临太平洋、北至北极圈。它唯一的邻居是美国，南部和西北部同美国接壤。加拿大以大湖泊、寒冷的冬天和著名的曲棍球队而闻名。

加拿大各省

加拿大也像美国一样被分为很多区域。这些区域被称为省，而不是州。加拿大由10个省组成：不列颠哥伦比亚省、阿尔伯塔省、萨斯喀彻温省、曼尼托巴省、魁北克省、安大略省、新不伦瑞克省、爱德华王子省、新斯科舍省，以及纽芬兰与拉布拉多省。加拿大还有3个地区：西北地区、育空地区，以及努纳武特地区。

地区和省之间有什么区别？各省有自己的政府，它们是加拿大联邦政府的一部分。这意味着在一些特定的方面，各省可以制定自己的法律，比如有关教育和环境的法律。地区则没有这种权力，不能制定针对地方问题的法律。各省还可以通过投票来修改加拿大的宪法，而各区也没有这项权利。

发现海湾

第一批从欧洲来到北美“探险”的人被称为维京人，他们建立定居点的时间大约可以追溯到公元1000年。他们在兰塞奥兹草甸——位于纽芬兰，以一个法国的水母湾命名——登陆。据说维京人登陆的岛上有7个海湾，但其中只有一个是可以安全登陆的，这个海湾有2棵树、1座冰山、1条河和1个山洞，你能帮维京人登陆这个海湾吗（见下图）？

有趣的事实

加拿大的体育

曲棍球是加拿大最受欢迎的运动。许多加拿大人热爱曲棍球运动，并喜欢在电视上或体育场观看比赛。加拿大会举办全国曲棍球联赛，观看曲棍球比赛的人数比任何其他国家都多。快看，射门了！

河流、海洋和它们之间

加拿大是一个由城市和荒野组成的国家。加拿大的人口密度很低。平均每平方千米约有 3个人。美国的人口密度要比加拿大高得多，平均每平方千米约有34个人。但这并不意味着加拿大没有大城市！加拿大有许多像多伦多、魁北克、渥太华这样的大城市，很多人生活和工作在那里。加拿大也有很多人迹罕至的地方。你如果到加拿大中部或西部去，会看到那里的森林非常茂密，山峰高耸，平原广阔。你还会看到那里生活的很多动物，其密度比人口还要大。那里生活的熊、驼鹿、驯鹿和鸭子等动物的密度远远超过了人口密度。

圣劳伦斯河是加拿大东部的重要名胜。它是美国和加拿大边界的组成部分。这条河从安大略湖向东北流向大西洋。圣劳伦斯河全长约1200千米，有许多船只在这条河从事贸易和航运。

其中，圣劳伦斯河流入大西洋的区域叫圣劳伦斯湾，是世界上最大的河口之一。它是多种鱼类的产地。渔业一直是当地重要的产业。16世纪，很多欧洲探险家都希望能够沿着圣劳伦斯河一路航行到亚洲，但令他们

要知道的词

人口密度：如果你想讨论在一个特定地区居住了多少人，可以用当地人口密度来表示。

懊丧的是，河水的激流把他们阻止在了蒙特利尔，无法继续前行。

哈德孙湾是加拿大中部重要地理特征之一。看一看加拿大地图，你可以找到哈德孙湾。它让加拿大看起来有点儿像被人咬了一口！哈德孙湾是加拿大中部的一个巨大的内陆海，与大西洋和北冰洋相连。哈德孙湾地区生活着很多种动物，包括鱼类、海豹、海象、虎鲸、驯鹿和麝香牛。

落基山脉横跨加拿大中部和西部，与美国西部山脉相连。加拿大落基山脉的最高峰是罗布森山。它位于不列颠哥伦比亚省，高度达4千米。罗布森山像这个地区的大多数山峰一样，是在冰川时代由冰川作用形成的。冰川磨损岩石，雕刻山脉。你见过带有锋利边缘或尖锐山峰的高山照片吗？这些尖峰就是被冰川雕刻出来的。罗布森山上还有一座冰川，叫罗布森冰川。

地理知识知多少

哈德孙湾

发现者： 亨利・哈德孙

面积： 约78万平方千米

平均深度： 约100米

最深点： 约270米

地理知识知多少

墨西哥

首都和最大的城市：墨西哥城

官方语言：西班牙语

国土面积：约197万平方千米

人口：约1.1亿（2007年估算）

墨西哥菜

你知道吗，大部分墨西哥菜都是从尤卡坦半岛地区传入墨西哥的。在尤卡坦半岛地区，烤肉、烤辣椒和酸橙是必备的烹饪食材。下次你再去墨西哥餐馆时，请仔细看一看菜单，你会发现你点的是来自尤卡坦半岛的墨西哥菜！

欢迎来到墨西哥

墨西哥位于美国的南部，它的正式名称是墨西哥合众国，但大多数人还是把它叫作墨西哥。墨西哥从太平洋到墨西哥湾。它像美国西南部地区一样，拥有大片干燥的沙漠，但它也拥有一些世界上最美丽的云雾森林和热带雨林。

墨西哥城是墨西哥最大的城市，有超过1900万的人口居住在墨西哥城。

位于墨西哥的北布拉沃河是北美洲最长的河流之一，它全长超过1600千米，形成了墨西哥和美国得克萨斯州之间的边界。你可能更熟悉这个名称——格兰德河[1]。格兰德河起源于美国科罗拉多州，流入墨西哥湾。

墨西哥有许多山。马德雷山脉与连接美国和加拿大的落基山脉相接。这里还有一条由火山形成的山脉，从东到西贯穿墨西哥。

尤卡坦半岛是墨西哥的一个地区。这一地区延伸至墨西哥湾。这里的土地非常平坦，气候干燥而炎热。如果你前往尤卡坦半岛参观，你会看到美洲豹、野猪、猴子、蜥蜴、鹦鹉和几种危险的巨型蛇。锡安卡恩生

1　格兰德河是北布拉沃河在美国境内部分的称呼。

墨西哥奇迹

墨西哥最有趣的一个火山是帕里库廷火山，它于1943年在玉米田爆发。由于火山爆发得太过突然，当地人都不敢相信火山就在自己眼前爆发了。这里也有一个令人难以置信的现象，你能找到答案吗?

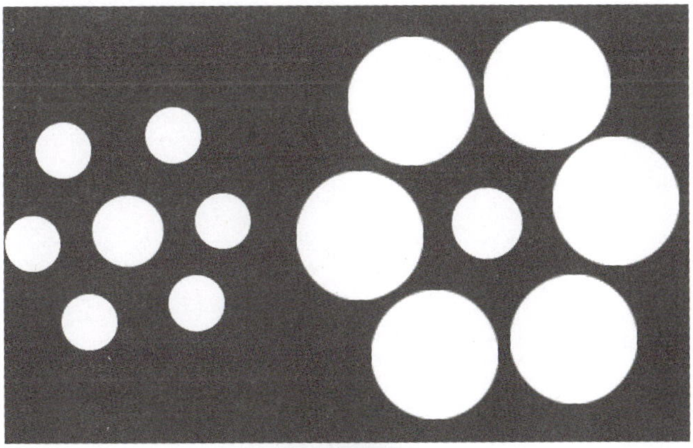

哪个圆圈大?

在上面两幅图中，有两个圆圈居于中间，请问哪个大?

物保护区面积约占加勒比海岸的1/3。这里有古玛雅遗址和包括300种鸟类在内的大量野生动物。人们在尤卡坦地区发现了石油，石油成为这个地区的重要出口产品。农民在这里种植甘蔗、玉米、棉花和咖啡等作物。

有许多你喜欢的食物可能都来自墨西哥。例如，你知道番茄和牛油果原产于墨西哥吗？还有玉米和香草。还有许多人（也许也包括你）非常喜欢的食物——巧克力，也来自墨西哥，除此之外还有很多。

墨西哥生活着许多动物，也生长着很多植物和不同种类的农作物。在世界生物多样性方面，墨西哥的贡献至少要占到10%。

快来参观加勒比地区

在加勒比海域有7000多个岛屿。加勒比群岛以热带水域和海滩闻名，但这里还有更多的东西应该为大家所了解。所以，快收拾行李到加勒比的岛屿一游吧！

古巴——加勒比最大的岛屿

古巴是加勒比海域中最大的岛屿，是世界第17大岛屿。我们认为古巴主要由连在一起的几个岛屿构成。古

地理知识知多少

古　巴

首都和最大的城市： 哈瓦那

国土面积： 约11.4万平方千米

人口： 约1120万

牙买加

首都和最大的城市： 金斯敦

国土面积： 约10878平方千米

人口： 约267万（2006年估算）

巴位于加勒比海、墨西哥湾、大西洋之间。

古巴拥有丰富的地貌！岛上有着起伏的平原和高耸的山峰。岛的南部有陡峭的山脉。这条山脉的最高峰图基诺峰，高达1974米。这座山像这个地区的其他山一样矿藏丰富，比如已经被开采的铜矿和铁矿等。

古巴的气候堪称完美，这里气候温暖并常年伴有热带微风，很多人都非常喜欢这里的气候。每年的1月，古巴的平均气温是21℃；7月的平均气温为27℃。

古巴的雨季从5月持续到10月，旱季从11月持续到来年4月。这与飓风季节有关。在大西洋形成的众多飓风带中，古巴位于其中。这些猛烈的风暴带来了暴雨和强风，使古巴经常遭受“袭击”。

牙买加——准备去跳雷鬼舞吗

牙买加是加勒比海域的第三大岛屿，但它是这个地区人口最多的国家，每年这里都有很多来自美国或其他国家的度假者。

岛上的大部分区域被山地覆盖，但海岸周围的小面积区域有一些美丽的海滩。牙买加的蓝山有着肥沃的土壤，适宜种植作物。产自蓝山的咖啡非常著名，在许多地方都可以买到，甚至你所在地区的杂货店。

牙买加的植物园非常著名。大部分岛屿被规划为国

要知道的词

植物园： 植物园是一种特殊类型的花园。许多不同种类的植物和花卉生长在这里。植物园通常用来传授知识。这些地方多为游客开放，以便人们可以享受自然。

家公园或保护区。皇家植物园最初是一个家庭为庆祝废除奴隶制而捐赠的。植物园命名为“皇家”是因为英国女王伊丽莎白二世在1953年到此访问时很喜欢它，使植物园因此享有“皇家”的荣誉。

牙买加经常遭受飓风袭击。最严重的飓风袭击是发生在1988年9月下旬的吉尔伯特飓风。在风暴中，牙买加的降雨超过8米，有近50人丧生。无数家庭、农作物和工厂被摧毁。

格林纳达

位于加勒比海南部的国家——格林纳达，是由3个主要岛屿组成的。其中最大的岛屿叫格林纳达岛，这个国家的大多数人居住在这里。这里与加勒比地区的其他岛屿不同，不受飓风的威胁。虽然飓风确实在岛上出现过，但这里不像其他地方那样每年都要经历飓风。

格林纳达是由火山形成的。这使得这里的土壤非常肥沃，适宜农作物的生长。格林纳达因种植糖料作物而闻名。同时这里也被称为“香料之岛”。岛上生长着许多种香料，如肉桂、丁香、肉豆蔻等。这些都是这个国家的主要出口产品。

有趣的事实

肉豆蔻

在格林纳达的国旗上有肉豆蔻图案。这是因为肉豆蔻是岛上最重要的出口产品。事实上，格林纳达的肉豆蔻供应量约占全世界的20%。想想看，你吃的南瓜馅饼或姜饼的原料就来自这样一个小岛国！

格林纳达被山脉分成两部分。圣凯瑟琳山是当地最高的山峰，海拔840余米。许多河流和瀑布覆盖着这个地区。这里也拥有深深的峡谷和一些世界上最好的海滩。

变形拼图

在下图（左图）所绘的群岛上发生了可怕的事情，所有的水都从岛上的湖里流走了。你能将右图中的水放到左图对应的位置吗？

地理知识知多少

格陵兰

首都和最大的城市：努克

国土面积：约217万平方千米

人口：约5.7万（2007年估算）

格陵兰真是绿色的吗

看一看北美洲的地图。你看到了吗？在北美洲大陆的东北部有一个大岛屿，这就是世界上最大的岛屿——格陵兰。

格陵兰的气候

格陵兰非常寒冷，一般情况下气温约为 –10℃。进入20世纪50年代，格陵兰的温度才开始有所升高。

几乎整个格陵兰都被巨大的冰层覆盖着。这些巨大的冰块或冰川，有时沿着大陆滑动，一直滑入海洋。当冰块进入海洋，便形成了冰山。格陵兰的大冰原和冰川几乎占地球上淡水总量的10%。你能想象这里有多少冰吗？

如果岛上的大部分区域都被冰覆盖，那么格陵兰是如何得名的呢？当你到达格陵兰时，你最先看到的是海岸。那里有许多岩石和群山，颜色都是绿色（green）的！这就是为什么这个岛被命名为格陵兰（Greenland），尽管岛上的其他区域并不符合这个的名字。如果你测量格陵兰海岸线的长度，你会发现它几乎和赤道一样长！

在每年的一些月份，格陵兰的部分地区长时间处于黑暗中。但在夏天，情况则正好相反——只有白天，没有夜晚！你知道这是为什么吗？你可能已经注意到了，在你生活的地区，冬天比夏天天黑得更早。

同样的事情也发生在格陵兰，只不过更加极端。在冬天，地球的北半球离太阳更远，所以天黑得就更早。这时，越往北，太阳光照射的时间就越少。而到了夏季，地球沿着公转轨道转到一定的位置。此时，地球的北半球离太阳更近，太阳直射点位于北半球。

要知道的词

冰裂： 冰裂是指冰山脱离巨大的冰盖。整个冰山位于水下，只有小部分露出水面。这就是那句“冰山的一角”的由来。这意味着有更多东西无法被看到。

吵闹的冰

冰川和冰山可以发出响声。往一杯温水里投入几块冰块，注意它们是如何破裂并发出爆裂声的。当冰山落入海洋时，也有同样的现象发生。只是冰山非常大，所以声音会非常响！

地理知识知多少

中美洲

国家	首都
伯利兹	贝尔莫潘
哥斯达黎加	圣何塞
萨尔瓦多	圣萨尔瓦多
危地马拉	危地马拉市
洪都拉斯	特古西加尔巴
尼加拉瓜	马那瓜
巴拿马	巴拿马市

尼加拉瓜

首都和最大的城市： 马那瓜

国土面积： 约15.5万平方千米

人口： 约540万（2005年估算）

要知道的词

地峡： 地峡是一条狭窄的地带，它连接两块较大的陆地。从地图上，你将看到北美洲和南美洲是如何被一条狭长的地带连接起来的。这条狭长的地带就是中美洲。

中美洲在什么地方

中美洲的位置正如其名字描述的那样位于北美和南美之间的地峡，包括7个国家。中美洲是地质活跃区，这里曾多次爆发地震和火山。中美洲也是世界闻名的生物多样性区域。现在，让我们前往其中面积最大的美丽国家尼加拉瓜。

尼加拉瓜

尼加拉瓜这个名字来自当地的部落语言“阿瓜”，意思是水。这个国家有很多水，包括湖泊、河流、池塘等。

尼加拉瓜位于大西洋边界的地区是一片热带雨林。这个地区被称为大西洋低地。

尼加拉瓜中部为山区。这个地区被称为中央高地，生活着许多不同种类的动物和植物。而且，这里拥有一片云雾森林，生活在云雾森林里的植物赖以生存的水源是来自浓厚的雾，而不是雨或雪。该地区生活着的鸟类种类丰富，包括绿咬鹃、金翅雀、巨嘴鸟等。这里的土壤非常适合种植农作物，比如咖啡。

尼加拉瓜拥有许多国家公园和保护区。玻萨瓦斯生物圈保护区就是其中之一。这个保护区位于尼加拉瓜北部，是一片很大的雨林，约占尼加拉瓜土地总面积的10%。

在玻萨瓦斯生物圈保护区生活着的生物种类的多样性令人难以置信。有些人猜测那里约有1万～2万种昆虫——光虫子就有这么多。这里也被视为许多动物的保护家园。比如，美洲狮、美洲虎、绿咬鹃和角鹰等。事实上，这里的大部分地区还没有人类进入过，所以还有更多物种没有人见过！

要知道的词

云雾森林：云雾森林也被称为“迷雾森林”。这些森林都在山峰上，那里总有云雾笼罩。森林地区有蕨类植物、肥沃的土壤和蒙蒙细雨。

世界上有什么？

什么是绿咬鹃？

绿咬鹃是在一种尼加拉瓜和其他中美洲国家被发现的鸟类。它们的尾巴大约有身体的两倍长！这些鸟喜欢叽叽喳喳，爱吃水果，它们的身体通常是绿色的，胸部是红色的。

地球上最快乐的运动

有一位球员已经做好准备进行他喜欢的运动了。这项运动是加拿大最受欢迎的一项运动，你知道是什么吗？按照序号顺序连接这些点，你会找到答案！

CHAPTER 4

南美洲

地理知识知多少

南美洲

国家	首都
阿根廷	布宜诺斯艾利斯
玻利维亚	拉巴斯
巴西	巴西利亚
智利	圣地亚哥
哥伦比亚	波哥大
厄瓜多尔	基多
圭亚那	乔治敦
巴拉圭	亚松森
苏里南	帕拉马里博
秘鲁	利马
乌拉圭	蒙得维的亚
委内瑞拉	加拉加斯

要知道的词

威利瓦飑：是一种风的名称。威利瓦飑有时会凭空出现在南美洲南端或其他地区。飑风会突然从山上吹到海洋，冷空气从白雪覆盖的山脉上冲下来，“敲打”岸边的船只。

赤道下面的土地

南美洲从赤道一直绵延到南极。世界上最大的热带雨林就位于这片土地上。在南美洲的西部边界分布着火山，东海岸有着起伏的海滩。

南美洲四面环水。其东部边界与大西洋相连，其西部边界与太平洋相连。其北部边界的一部分与中美洲相连，而其余部分与加勒比海相连。南美洲被历史学家称为新世界地区的一部分。

欧洲人于1507年在地图上首次描绘出的南美洲。当时，探险家认识到这里既不属于北美洲也不属于中美洲。

合恩角是南美洲最南端。这里以强风、恶劣的天气和危险的环境而闻名。过去，如果水手和商人想从大西洋前往太平洋，只能绕道合恩角走海路到达。这里经常遭遇飑风，非常危险。在1914年巴拿马运河开通之前，这是绕过南美的唯一路线。巴拿马运河开通后，成了货主、水手和商人在大西洋与太平洋之间往返的通道。

极端的土地

南美洲的国家有多种类型。我们将探索南美洲最大的国家——巴西，还有最小的国家——苏里南。

巴　西

巴西是南美洲最大的国家。它的面积约占南美洲全部大陆面积的一半。巴西的土地分布在北半球、南半球、西半球。由于赤道穿过巴西，所以巴西的部分领土位于北半球，部分位于南半球。

如果把美洲和非洲的地形进行比较，你会发现，非洲西部的地形看起来与巴西东部的地形是相契合的。这并不是巧合，在很久以前，所有的大陆都是连接在一起的，组成了一个庞大的大陆，称为泛大陆。其中的南美洲和非洲就像两块巨大的拼图块。随着时间的推移，板块发生移动，这两个大陆由于处在不同的板块上，就出现了分离。

巴西是世界上人口最多的国家之一，人口数量居世界第五位。如果考虑到巴西大部分地区覆盖着热带雨林时，你会意识到巴西人口众多的现象就有些奇怪了。这意味着巴西沿海地区的人口密度是相当高的。巴西的大

地理知识知多少

巴　西

首都：巴西利亚

最大的城市：圣保罗

官方语言：葡萄牙语

国土面积：约852万平方千米

人口：约1.92亿（2007年估算）

有趣的事实

巴西究竟有多大？

除了厄瓜多尔和智利，巴西与南美洲的其他所有国家都相邻。

部分城市都位于大西洋海岸或河流附近。大西洋海岸处的低地急剧上升，形成高原。在巴西南部，高原变成广阔的平原。在稍远的北方，马尔山脉从平原上升起。

伊瓜苏大瀑布位于巴西、阿根廷和巴拉圭三国的相接处。伊瓜苏的意思是“大水”。这些瀑布真是没有辜负它们的名字！在旱季，这里就有大约150条瀑布汇集到伊瓜苏大瀑布。下大雨时，这个数字增加到了300！大多数瀑布都在阿根廷一侧，这意味着，如果你站在巴西这一侧，你能看到最好的瀑布景观。14条瀑布组成这个马蹄形魔鬼的咽喉，是瀑布令人印象最深刻的景观之一。它的落差约有100米，是北美最大的尼亚加拉大瀑布落差的两倍。

要知道的词

构造板块： 地球的地壳分为7大板块，此外还有许多其他小板块。在几千年的时间里因为板块移动，地球表面在慢慢改变。板块相遇的地方通常会出现地震、火山或成为山脉的所在地。

巴西境内拥有热带雨林、海滩和美丽的河流。亚马孙热带雨林是世界上最大的热带雨林，其有一部分延伸至巴西境内。巴西的多个城市靠近大西洋海岸线，如里约热内卢等。巴西的很多地方气候非常炎热、潮湿。由于全国有相当一部分地区靠近或位于赤道线上，这个国家的气候属于典型的热带气候。

森林砍伐是这个国家面临的重大威胁之一，造成了天然树林的损失。人们砍伐树木，利用森林肥沃的土壤种植庄稼赚钱，但这是以环境为代价的。这种

人工降雨

热带雨林是一个神奇的地方。它就像一块巨大的海绵吸收着雨水。一些雨水降落后又蒸发了，形成了云，然后再产生更多的降雨。

这里有一个有趣的实验可以让你理解雨水的循环。你需要准备一个杯子、一个塑料袋、一些胶带和一些水。

实验步骤

1.把杯子装满水，将杯子放在塑料袋里。

2.用胶带密封袋子。

3.如图所示，将袋子放在阳光可以照到的窗口。

你看到发生了什么吗?太阳的热量会蒸发杯子中的水（水的分子太小，你是无法看见的）。然后，水蒸气再凝结为水。这些水滴就会像雨似的落下来。

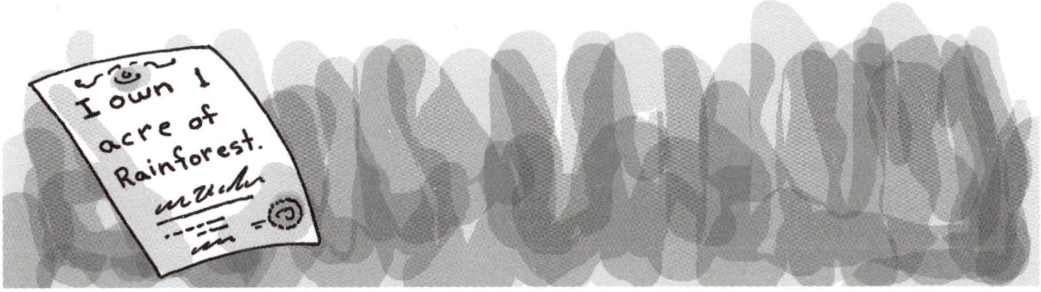

有趣的事实

巴西的动物

你知道吗？巴西是世界上生物种类最多的国家。巴西的灵长类动物和哺乳类动物的数量是世界上最多的，鸟类数量排世界第三位。

做法正威胁着生活在巴西雨林中的植物和动物。其他的威胁还有巴西大城市空气和水的污染，以及非法捕猎买卖热带雨林中的野生动物。偷猎者把野生动物从其自然栖息地运往其他地区卖掉，以此牟取暴利。这对于生存在那里的动物而言是致命的打击。

苏里南

苏里南位于南美洲北部，是南美大陆最小的国家。如果你能找到一张旧版地图或地图册，你会看到苏里南被写为荷属圭亚那，这是因为它曾经是荷兰的殖民地。苏里南于1975年获得独立，国家的正式名称是苏里南共和国，但大多数人还是用简称称呼它。

苏里南出口到世界各地的商品和农产品相当多。香蕉和大米是当地出口最多的两种农产品。苏里南也拥有珍贵的矿产资源，包括铝土矿、金矿以及一些石油矿产等。苏里南出产鱼虾，水力发电业也非常发达。

苏里南与巴西的北部接壤，地理环境与巴西相似。其大部分人口居住在大西洋沿岸，大部分内陆地区被热带雨林覆盖。从这些森林采伐的木材是苏里南出口量最大的产品之一。和巴西一样，砍伐森林是这个国家面临的最严重的环境威胁之一。

要知道的词

铝土矿： 铝土矿是铝的一个主要来源。2007年，苏里南成为世界第九大铝土矿供应国。

苏里南的气候属于非常炎热的热带气候。在这个小国，日平均温度在一年中变化不大。全年基本上可以分为两个季节——雨季和旱季。雨季是从4月到8月和从11月到来年的2月，其他的时候是旱季，即从2月到4月和从8月到11月。

地理知识知多少

苏里南

首都和最大的城市：帕拉马里博

官方语言：荷兰语

面积：约16.3万平方千米

人口：约49.3万（2004年人口普查）

如果你到苏里南旅游，你将有机会去探索许多不同的地方。例如，加勒比自然保护区是一个海滩自然保护区。在那里，从4月到8月你可以看到巨型棱皮海龟产卵。该保护区也是绿色玳瑁海龟孵蛋的地方。在罗利瓦

勒自然保护区你可以进行一项挑战，徒步穿越丛林到位于科珀纳默河的壮观的瀑布。也许你会发现一些生活在那里的不同种类的鸟和猴子。卡西卡西玛山，在苏里南南部，海拔超过700米。到卡西卡西玛山游览，需要乘坐几天的独木舟，然后再攀登到山顶。这是一座美丽的花岗岩山，站在山顶能够看到这个国家和生活在那里的野生动物的壮丽景观。

有趣的事实

法属圭亚那

如果你看一下南美洲地图，你会看到标记法属圭亚那旁边的苏里南，你会发现："嘿，这看起来比苏里南还小！"你说得没错。法属圭亚那比苏里南的一半略大，它是法国的一个海外属地。所以苏里南是南美洲最小的独立国家。

山脉、瀑布和雨林

南美洲拥有许多地理方面的世界纪录：

- 世界上流量最大的河流：亚马孙河。
- 世界上落差最大的瀑布：安赫尔瀑布。
- 世界上最长的山脉：安第斯山脉。
- 世界上最干燥的沙漠：阿塔卡马沙漠。
- 世界上最大的热带雨林：亚马孙雨林。
- 世界上最南端的城市：智利的波多黎各托罗[1]。
- 世界上海拔最高的首都：玻利维亚的拉巴斯。

---

1 由于统计维度不同，对于世界上最南端的城市有不同的看法。也有一种观点认为阿根廷的乌斯怀亚是世界上最南端的城市。

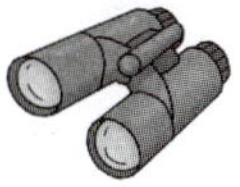

安赫尔瀑布

委内瑞拉的安赫尔瀑布是世界上落差最大的瀑布。瀑布从将近1000米的高度落下！

安赫尔瀑布的英文名是Angel Falls，按字义可译为天使瀑布，这座瀑布因一个叫詹姆斯·安赫尔的美国人而得名。据当地人回忆，这条瀑布在很久以前已经存在，在1930年，美国飞行员安赫尔（*Angel*）驾驶飞机寻找金矿时，来到这个地区。安赫尔的飞机被缠住[1]，他和同伴只好徒步离开。在这次长途跋涉中，他们在偶然间发现了这座瀑布，于是这座瀑布就以安赫尔的名字命名了。

有趣的事实

水在空气中

来自安赫尔瀑布顶部的水实际上从未真正到达过地面。水要下降很大的距离，在下降路途中，强风把它变成了雾。

火地岛

南美洲南部的地形就像北欧，由峡湾组成。在南美大陆非常靠近南端的位置，有一个名为火地岛的群岛。火地岛名字的意思是“火之乡”，是麦哲伦的船员起的名字。当时，他看到当地人用来取暖的一堆堆火，就以此命名了。

火地岛群岛的一部分区域属于智利，另一部分区域属于阿根廷。这个地区气候非常恶劣。冰川从安第斯山脉山顶蔓延到太平洋。群岛上的一些地区一年四季被冰

要知道的词

群岛：群岛是由一些岛屿组成的大链条。通常位于开放水域，如海洋。太平洋群岛在加勒比海和大西洋北部。

1　安赫尔瀑布：位于热带雨林中，瀑布两旁藤葛缠绕。有一种说法认为安赫尔的飞机之所以降落不成功，是因为被藤葛缠住了。

雪覆盖。这里冬天漫长，夏天短暂，降雨多，还常刮大风，生活非常艰难。许多居住在这里的居民依靠养殖绵羊来维持生活。

在火地岛生活的野生动物种类很多。在海中，你可以看到海象、海豹和许多不同类型的海鸟。在陆地上，你会发现美洲河狸、欧洲兔、北极驯鹿。人们把其他地区的动物引入这里，但结果并不好，这些动物不是当地的原有物种，使当地许多植物的生存受到威胁，并改变了当地的自然生态系统。

有趣的事实

南美洲的火山

安第斯山脉的火山今天仍然活跃。科多帕希山是一座火山，位于厄瓜多尔的安第斯山脉。它是目前世界上最活跃的火山之一。

安第斯山脉

安第斯山脉沿南美洲西海岸延伸，长度达7000多千米，宽度达480多千米，平均高度达到了海拔4000米。安第斯山脉通过了南美洲12个国家中的7个，分别为：阿根廷、智利、秘鲁、玻利维亚、厄瓜多尔、哥伦比亚、委内瑞拉。

这条山脉是由两个大陆板块撞击挤压形成的。当你的脚踩在地毯的边缘向地毯中心滑动会发生什么？脚推动地毯，地毯被挤压得隆起来。这与大陆板块相撞的情形非常类似，只是两个板块相互碰撞形成山脉所需要的时间更长。在南美洲，太平洋的两个板块——纳斯卡板块和南极板块俯冲到南美洲板块的下方，板块间相互挤压而隆起，这就是安第斯山脉形成的原因。但是，这还不是全部原因。你有没有经历过把双手放在一起搓动，让手温暖起来？当一个板块在另一个板块下滑动时，也同样会产生热量。在安第斯山脉，板块之间的摩擦产生了大量的热量，使地壳的一部分被熔化，液态岩浆向地球表面移动，结果会发生什么？火山喷发！

在安第斯山脉，你所处的位置决定了你会遇到什么样的气候、植物、动物。比如，你离太平洋有多远、海拔有多高。羊驼和龙猫就是在安第斯山脉被发现的。蜂鸟、绿咬鹃和巨嘴鸟则栖息在这一地区的森林里。安第斯山脉有茂密的阔叶林、热带雨林，以及几乎没有植被的山峰。

列岛游

科隆群岛实际上是海底火山的山峰从海面上显露了出来。下图中也有一个群岛，它由19个岛屿组成，把这19个点连起来，看看会发现什么？

科隆群岛

科隆群岛是一片沿赤道坐落的群岛。在这座火山群岛上生活着一些世界上最神奇的物种。1835年，查尔斯·达尔文来到科隆群岛，发现这里生活的一些动物与他以往所见过的都不同，虽然这些动物都是非常熟悉的物种，比如龟、鬣蜥、雀等。这里的龟是达尔文见过的最大的龟；这里生活的一些鬣蜥会游泳；这里的一些雀，达尔文都不认识，而且它们看上去彼此差别很大。最后，达尔文提出了一个理论来解释为什么这些动物有这么大的差异。他写道，因为岛上的动物远离其他所有生物，它们为了适应环境而发生了进化，例如，雀生长出了不同形状的嘴，这样可以吃到不同种类的食物，避免相互竞争。

因为科隆群岛是无人居住岛，达尔文发现动物都不怕他。他在一篇文章里写道，他抓起一只鬣蜥投入水中，看到它马上冲回岸边。达尔文将其他鬣蜥投入水里，同样的事情又发生了。无论达尔文重复多少遍，鬣蜥都会快速游回岸上。达尔文提出这样的理论：是鬣蜥的本能使它们快速从水里逃出来，以避免鲨鱼或其他食肉动物的攻击。鬣蜥不知道达尔文是什么，并没有感到恐惧，所以它们选择返回陆地。就像以前它们认为的那样，陆地是安全的。

科隆群岛现在是生态旅游区。进行一次生态旅游，到生活着独特又令人称奇的动物和植物的栖息地去看一看，不只对科学家有意义，对一般人也具有重要意义。生态旅游的目的是向人们展示自然界的美丽，并鼓励人们保护地球上的这些重要地区。保护好地球上类似科隆群岛的野生动物和植物栖息地，对我们了解大自然，对地球的未来，都具有重要意义！

让我们前往亚马孙雨林

在亚马孙雨林区，有60%的热带雨林处于巴西境内。

什么是热带雨林

亚马孙雨林是一片热带雨林。什么是热带雨林呢？热带雨林常见于赤道附近，一年平均降雨量为175厘米~200厘米。地球上一半以上的动物和植物都生活在热带雨林。很多药材在热带雨林地区被发现。

亚马孙雨林是很多动物，如吸血蝙蝠、蟒蛇、美洲虎和切叶蚁的家园。据估计，在热带雨林每10平方千米的区域，你都会有以下发现：

- 125种哺乳动物。
- 400种鸟类。
- 100种爬行动物。

- 60种两栖动物。
- 150种蝴蝶。

一位科学家仅在一块小小的区域就发现了50种不同的蚂蚁！

亚马孙的生态圈

同样惊人的是生长在亚马孙雨林的植物。在亚马孙雨林中的树木和植物不但非常茂密，而且往往长得很高。它们都力争伸向天空去竞争阳光。位置高的树梢区域被称为森林的树冠。有人估计，有数以百计的鸟类和其他动物生活在树冠区域。科学家指出，如果你要在1万平方米范围内统计树木和植物的数量，你会发现仅仅树木就有700多种，植物约有1400种。

有趣的事实

木棉树

木棉树是亚马孙地区最高大的树。它可以长到60米高，树干直径可以达到3米。这种树是许多不同种类的昆虫和鸟类的家园。木棉树长有美丽的花朵，能吸引雨林里的蝙蝠。

亚马孙和你的居住地气候的关系

信不信由你，不论你住在哪里，你所在地区的气候都会受到亚马孙雨林的影响。亚马孙就像世界的一个巨大的空调。

它能使世界各地的温度下降几度，并且能平衡地球上其他地方的空气湿度和降水量。树木吸入的二氧化碳是造成温室效应的主要气体的一种。如果树木不在我们身边吸收二氧化碳，必然导致地球空气中的碳元素变得更多，使整个地球温度升高。

CHAPTER 5

让我们去欧洲吧

地理知识知多少

英　国

首都和最大的城市： 伦敦

官方语言： 英语

面积： 约24.1万平方千米

人口： 约6090万（2008年估算）

英国：就在水的对岸

英国是大不列颠及北爱尔兰联合王国的通称，由英格兰、苏格兰、威尔士和北爱尔兰4部分组成。这4个地区都曾经是独立的王国，所以英国还被称为“联合王国”。

英国的主岛大不列颠岛是欧洲最大的岛屿和世界第九大岛屿，也是世界上人口数量第三的岛屿。岛上有许多天然港，使得英国通往欧洲大陆的旅行变得非常方便。爱尔兰岛与大不列颠岛被爱尔兰海隔开。北爱尔兰仍然是英国的一部分，但岛屿的其他部分在1922获得独立，成为一个独立的国家——爱尔兰。英国南部被英吉利海峡与法国分隔，东部被北海与斯堪的纳维亚半岛分隔。这个海峡非常狭窄，在晴朗的日子里，你可以站在法国的加来看到英国多佛尔的白崖。白崖的峭壁距离海峡仅有90米，而且是由白垩石构成的，因此峭壁呈现独特的白色。

英格兰在大不列颠岛的南部，威尔士是一个较小的西部地区。英国的土地大多数是平原或丘陵。岛的北部是苏格兰高地，那里有本内维斯山，是英国最高的山峰。特殊的地形和寒

有趣的事实

你应该怎么称呼来自英国的人？

生活在英国的人大多数都称自己为英国人，但也有人把自己称作苏格兰人、威尔士人、爱尔兰人或英格兰人，这是因为他们来自英国的苏格兰、威尔士、北爱尔兰或英格兰这些不同的地区。

EUROPEAN

时尚和足球

这是欧洲哪个国家的形状?

你能从这些字母拼出多少个单词?

EUROPEAN

每个字母每次只能使用一次，单词至少由3个字母组成。

祝你玩得开心!

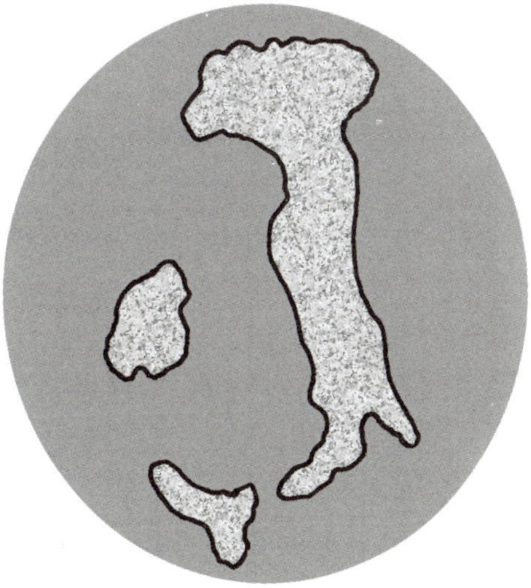

尼斯湖水怪

有人认为，尼斯湖水怪生活在苏格兰。你觉得是这样吗？尼斯湖水怪真的存在吗？请你也做一些研究，利用事实和数据，试一试说服其他人相信你的结论。

要知道的词

冻土带：冻土带是一片非常寒冷而干燥的地区。这些地区非常寒冷，但又像沙漠一样干燥。大多数时间，冻土带中的土壤都处于冻结状态。这就是所谓的永久冻土。在冻土带，生活着昆虫、鸟类和驯鹿。

冷的气候使当地人们的生活变得非常困难，这里是英国人口最稀少的地区之一。英国是一个多雨的地方。在苏格兰的西部，一年中有250天都会下雨！就是说，那里每年有8个多月的时间在下雨。去那里时，你最好带上雨伞！

英国是世界上第六大经济体。伦敦是世界重要的商业和金融中心。这里出口北海的石油和天然气资源。

西欧大陆

欧洲有许多国家。在这本书中，我们将欧洲分成三个区域：西欧、东欧和地中海地区。让我们先来看看位于西欧的各国。这些国家基本上地处大西洋沿岸。

气候与地形

西欧在温度、气候、民族和文化方面都有着自己的特点。挪威和瑞典被冻土层覆盖。其他一些国家，如西班牙处于地中海沿岸，拥有美丽、温暖的海滩。欧洲的主要山脉之一阿尔卑斯山脉穿越许多西欧国家。法国和西班牙被比利牛斯山脉隔开。

摩纳哥是一个小国，占地不到2平方千米，这里的

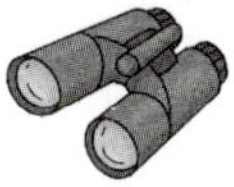

人口密度比世界上任何国家的都要高。这里居住着约3.7万人，他们都住在约有纽约市中央公园面积大小的土地上！我们可以将摩纳哥的人口密度与西欧国家冰岛的人口密度比较一下，冰岛每平方千米只有3个人。

有趣的事实

大考古学家认为，人类是在公元前70万年至85万年之间来到欧洲的。他们甚至已经在法国的一个海滩上发现了一个脚印化石，是有人40万年前留下的。

峡湾警报

西欧有许多峡湾。峡湾是冰川雕刻岩石而形成的陡峭、狭窄的山谷。在大多数情况下，峡湾会出现在较大水域的入口附近。大多数峡湾的深度在海平面以下。在爱尔兰、挪威、瑞典和冰岛等国家都有峡湾。

挪威的松恩峡湾是世界上最大的峡湾之一。它从大西洋向内陆延伸，至190多千米远，深度达海平面以下约1300米！

峡湾潮汐的起伏相当惊人。因为峡壁高耸、陡峭，峡湾深度在海平面以下，所以涨潮和退潮之间的水位差距非常大。在相连的峡湾处，潮水上涨会使海水冲入相对较小的峡湾。

欧洲大平原

欧洲大平原横跨3900千米欧洲大陆。它从大西洋西

地理知识知多少

西欧

国家	首都
安道尔	安道尔城
奥地利	维也纳
比利时	布鲁塞尔
丹麦	哥本哈根
芬兰	赫尔辛基
法国	巴黎
德国	柏林
冰岛	雷克雅未克
爱尔兰	都柏林
列支敦士登	瓦杜兹
卢森堡	卢森堡
马耳他	瓦莱塔
摩纳哥	摩纳哥
荷兰	阿姆斯特丹
挪威	奥斯陆
葡萄牙	里斯本
圣马力诺	圣马力诺
西班牙	马德里
瑞典	斯德哥尔摩
瑞士	伯尔尼

部一直延伸到东部的乌拉尔山脉，跨越西欧和东欧。

阿尔卑斯山

阿尔卑斯山是欧洲主要山脉之一。阿尔卑斯山从奥地利延伸到意大利和瑞士，之后进入法国。阿尔卑斯山的最高峰是勃朗峰。勃朗峰（意为“白色的山”）位于法国和意大利之间，高度超过4800米，是世界第11高峰。

阿尔卑斯山由冰川雕刻而成。这些巨大的冰覆盖在山区，雕刻出大型盆地，改变了河谷，还把那里的岩石磨得非常平滑。在阿尔卑斯山的高峰上，你仍然可以发现高山冰川。阿尔卑斯山是一个热门的旅游目的地。在夏季，人们喜欢徒步旅行、攀岩和进行山地自行车运动。深受欢迎的冬季运动包括双板滑雪、单板滑雪和滑冰。你想参观阿尔卑斯山吗？你准备什么时候去？

小山和山谷

如果你去欧洲徒步旅行，了解当地的语言是有很大帮助的。这里有一些不同语言的地理名词，你可以为它们找到匹配的英文名字吗？

Beach	Granica (Polish)
Mountain	Berg (German)
Bay	Vulkaan (Dutch)
Border	Baia (Portuguese)
Desert	Plage (French)
Volcano	Valle (Italian)
Valley	Desierto (Spanish)

地理知识知多少

东　欧

国家	首都
阿尔巴尼亚	地拉那
亚美尼亚	埃里温
阿塞拜疆	巴库
白俄罗斯	明斯克
波斯尼亚和黑塞哥维那	萨拉热窝
保加利亚	索非亚
克罗地亚	萨格勒布
捷克	布拉格
爱沙尼亚	塔林
格鲁吉亚	第比利斯
匈牙利	布达佩斯
拉脱维亚	里加
立陶宛	维尔纽斯
马其顿	斯科普里
摩尔多瓦	基希讷乌
黑山	波德戈里察
波兰	华沙
罗马尼亚	布加勒斯特
俄罗斯	莫斯科
斯洛伐克	布拉迪斯拉发
斯洛文尼亚	卢布尔雅那
乌克兰	基辅

东部欧洲

东欧国家的地貌、界限和名字在过去几十年里发生了巨大的变化。这是一个具有丰富文化和传统的地区。现在，让我们来看一看东欧的一些不同的地区。

半岛上的地区

在欧洲半岛上有一个领土形状像一只皮靴的国家，叫意大利。与此同时，东欧的几个半岛都占据着该地区重要地理位置。巴尔干半岛伸入地中海，克里米亚半岛被黑海包围。航运、贸易一直都是这些半岛的重要产业。

波　兰

在冰川时代，冰川缓慢南行，蔓延到波兰的克拉科夫。波兰境内分布着很多山脉、河流和湖泊。事实上，波兰是世界上湖泊最多的国家之一，这里的湖泊数量超过1万个。在波兰有20多座海拔超过2000米的山峰。波兰的最高峰是雷西峰，达到2400多米高。与此相比，波兰的最低点位于海平面之下2米。除了南部山区，波兰其他地区的地势非常平坦。波兰的塔特拉山是喀尔巴阡山脉的顶端。喀尔巴阡山脉横跨东欧，从捷克绵延至罗马尼亚。

摩尔多瓦

摩尔多瓦处于罗马尼亚和乌克兰的包围中。这里的大部分地区位于德涅斯特河和普鲁特河之间。河流给这个地区带来了肥沃的土壤。摩尔多瓦是东欧地区农业最发达的国家之一，当地人种植和出口多种多样的水果和蔬菜。人们最熟悉的可能要算摩尔多瓦的葡萄园。葡萄酒酿造业是摩尔多瓦的重要产业。

爱沙尼亚

爱沙尼亚位于东欧北部、波罗的海沿岸。波罗的海是北欧的一个内陆海。由于它纬度高，在一年中的部分时间里，波罗的海的很大一部分海域都被冰覆盖着。波罗的海的海水并不像其他海洋那样咸。

爱沙尼亚的土地相当平坦，平均海拔约为48米，最高点刚好在300米左右。那里拥有许多湖泊。事实上，有数据记载，这个国家的湖泊数量约为1400个。同时，那里还有许多沼泽沿海岸分布。

爱沙尼亚是一个寒冷、多雨的地方。那里一年中可能有190天都在下雨。爱沙尼亚的日平均气温接近5℃，最冷的月份是每年的2月，平均气温为-5℃；最热的月份是每年的7月，平均气温为18℃左右。这是一种独特的气候类型，当你接近波罗的海，你就会体验到。形成

地理知识知多少

波　兰

首都和最大的城市：华沙

官方语言：波兰语

面积：约31.3万平方千米

人口：约3820万（2007年估算）

摩尔多瓦

首都和最大的城市：基希讷乌

官方语言：摩尔多瓦语（也称罗马尼亚语）

面积：约3670平方千米

人口：约420万（2008年估算）

爱沙尼亚

首都和最大的城市：塔林

官方语言：爱沙尼亚语和俄语

面积：约45226平方千米

人口：约134万（2007年估算）

要知道的词

沼泽：沼泽是一个排水不好的区域。那里都是泥沼和湿地。沼泽里也有独特的植物在那里生长，包括莎草和石楠。

这种气候，是由于这里受到北大西洋暖流的影响。

地中海：古老的城市，现代的文化

地中海地区是世界上许多古代文化和城市的诞生地。随着城市和文化的发展，这里的国家已经成为现代化国家。

地中海的气候

地中海地区的气候是独一无二的，与欧洲其他地区不同。围绕地中海的地区夏季炎热、干燥，冬天温和、潮湿。这里是种植松树、柏树等树木的好地方。地中海沿岸国家，如希腊，以种植和出产松子、橄榄和奶酪闻名。

火　山

地中海地区是一个火山非常活跃的地区。意大利有很多火山，不论是过去还是现在都很活跃。事实上，欧洲大陆唯一的活火山就在意大利，就是著名的维苏威火山。它最后一次爆发是在1944年。你可能听说过维苏威火山，就是这座火山在公元79年爆发，用厚厚的火山灰埋葬了庞贝古城和赫库兰尼姆古城。庞贝和赫库兰尼姆两座古城的遗迹都已被挖掘出来，科学家和历史学

地理知识知多少

地中海地区

国家	首都
塞浦路斯	尼科西亚
希腊	雅典
意大利	罗马

有趣的事实

大海，还是大洋？

地中海实际上是大西洋的一部分。它几乎完全被陆地包围，经由直布罗陀海峡通往大西洋。直布罗陀海峡把位于欧洲的西班牙和位于北非的摩洛哥分隔开了。

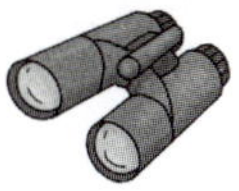

家研究这里的文物，以了解古代意大利人的生活。现在，庞贝是意大利最热门的旅游景点之一。你可以来这里参观，穿过老城区的街道，看一看古建筑的废墟。

意大利还有一座火山叫埃特纳火山。近年来，这座火山一直非常活跃。它位于西西里岛海岸，是欧洲最活跃的火山之一。这里的一个火山喷发的镜头被用在了《星球大战前传III：西斯的复仇》里面。在计算机技术的帮助下，被用作天行者阿纳金和欧比旺·克诺比之间最后战斗的背景。

世界上有什么？

成层火山

维苏威火山和埃特纳火山都是成层火山。成层火山也被称为复合火山。这种类型的火山位于陡峭的山上，覆盖着火山灰层、岩石层和熔岩层。它喷发时非常猛烈，是非常危险的。

塞浦路斯

塞浦路斯是位于地中海的一个岛国。它是地中海第三大岛。由于临近希腊和土耳其，深受两国文化的影响，使塞浦路斯的历史变得较为复杂。

在希腊神话中，爱与美的女神阿佛洛狄忒（即罗马神话中的维纳斯）就出生在塞浦路斯岛。这是一个美丽的地方！塞浦路斯岛上的最低点是它的海滩，与海平面高度相同。塞浦路斯岛上最高的山是奥林波斯山，海拔约1950米。

塞浦路斯有两条主要的山脉，分别为位于北方的五指山脉和位于中南部的特罗多斯山脉。这两座山脉之间的土地肥沃，是当地农场最多的地方。

塞浦路斯矿产资源丰富，主要开采和出口铜、黄铁、石棉、石膏等矿藏。塞浦路斯也以旅游和服装出口闻名。由于塞浦路斯地处亚洲、非洲和欧洲交界处，使得这个小岛国成为许多航船的很好的停靠点。几个世纪以来，这里一直是商人和探险家停歇的地方。

欧洲联盟

欧洲联盟，简称欧盟，是一个有着20多个国家或成员国的联合体。这些国家由于政治、经济等原因结成联盟。哪些国家属于欧洲联盟？它们从中得到了什么？

第二次世界大战后，一些西欧国家开始讨论如何能确保欧洲大陆不被另一场战争毁灭。德国、法国、卢森堡、荷兰、比利时和意大利6个国家开始了第一次在经济问题上的相互合作。它们相信，通过共同行动，可以使国家更强大。由于其他国家看到这个系统运转良好，纷纷开始加入进来。

我们今天所说的欧盟是在1993年成立的。每个成员国都有自己独立的政府，但同意与其他成员国在重要议题上，如农业、贸易、环境问题，以及其他方面共同合作。作为欧盟成员国，意味着在成员国之间，它们在政治、经济和社会问题上比其他没有加入联盟的国家享有更多的权利。

自1993年起，不断有新成员国加入进来。想要加入欧盟的国家必须提出申请，并经过会员国同意。

欧元是欧盟中许多成员国的通用货币。每个国家都可以为硬币的背面设计自己的图案（注意是背面，如果你正在看一枚硬币的话）。在所有国家，硬币的正面的图案都是一样的。

反义词

冰岛有许多著名的东西，但最有名的就是寒冷漫长的冬季和温暖的温泉。你注意到了吗，寒冷和温暖是一对反义词。

下面还有更多的反义词，你能把它们一一配对吗?

Full	Under	Rough
Dry	Valley	Wet
Mountain	Shallow	Deep
Solid	Over	Empty
Smooth	Molten	

阿尔卑斯山

阿尔卑斯山以滑雪闻名。你愿意在阿尔卑斯山的乡村小路滑雪吗?

下图中的男孩刚刚从阿尔卑斯山的最高峰勃朗峰滑下来，请将图中的数字按序号连起来，找到男孩的滑雪路线。

CHAPTER 6
中东

地理知识知多少

北　非

国家	首都
阿尔及利亚	阿尔及尔
埃及	开罗
利比亚	的黎波里
摩洛哥	拉巴特
突尼斯	突尼斯

阿拉伯半岛

国家	首都
巴林	麦纳麦
科威特	科威特城
阿曼	马斯喀特
卡塔尔	多哈
沙特阿拉伯	利雅得
阿拉伯联合酋长国	阿布扎比
也门	萨那

地中海地区

国家	首都
以色列	耶路撒冷
约旦	安曼
黎巴嫩	贝鲁特
叙利亚	大马士革

骆驼、沙子和金字塔

当你听到“中东”这个词的时候，你想到了什么?大多数人都会想到石油、沙尘暴和伟大的埃及金字塔。但中东有比这些更有趣的世界区域特征。带上一瓶防晒霜、一些轻便的衣服和你的护照，我们要去中东了!

中东地处地中海附近，人们用不同的方式描绘着这片土地。在这本书中，你将在3个不同的地区探索中东，它们是阿拉伯半岛、北非和地中海东部的部分地区。让我们来看看这里的国家和生活在这些国家里的人。

还有其他中东国家不包括在上面的名单里，它们是伊朗和伊拉克。这两个国家长久以来一直新闻不断，你可能会时常听到它们的消息。伊朗的首都是德黑兰，伊拉克的首都是巴格达。

生活在中东的人

让我们在本章开始所列出的地区里，从每个地区选择一个国家来看一看。这是你了解“生活在中东的人”以及“他们是怎样生活”的最好方式。请记住，中东的每个国家和当地的居民都有各自的特点，很难对其分类汇总进行研究。

洞穴代码

如果你能破解下面这段代码，就可以找到宝藏。按照指令，看看哪个正方形能够带你找到进入古老洞穴的钥匙。小心，你要是找错了，就无法进入洞穴了！

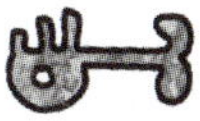

The key is in the row with a hand next to it.

The key has a sun above or below it.

Going in a straight line, the key is 3 squares away from a bird.

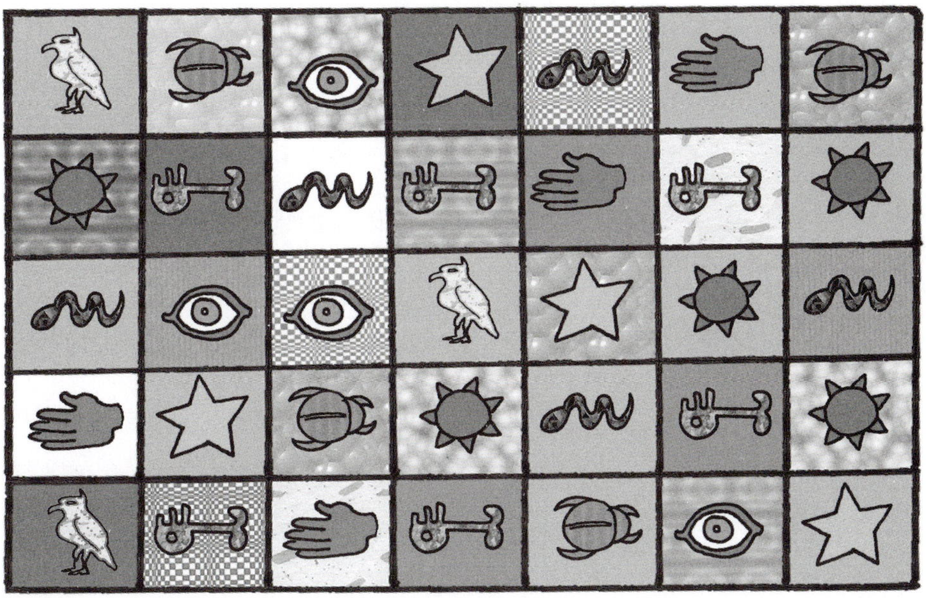

大自然的存储

因为埃及的气候非常干燥，使得那里的古文物能够历经数千年保持完好。因为洞穴被完好保存了下来，那里也成了存储这些东西的好地方。2004年，在开罗南部的洞穴里有数百具木乃伊被发现。

地理知识知多少

埃　及

首都和最大的城市：开罗

官方语言：阿拉伯语

面积：约100万平方千米

人口：约8034万（2008年估算）

有趣的事实

新　湖

阿斯旺水坝建成后，形成了一个新的湖泊。当纳塞尔湖的水通过大坝时，会有32万公顷的土地被淹没。

埃　及

埃及是一个中东国家，位于非洲北部。埃及的人口数量排世界第15位，也是非洲和中东地区人口最多的国家。埃及是一个巨大的沙漠，有一条河在中间流过。埃及的大多数人都生活在这条河附近的城市。这条河就是尼罗河。埃及人将这条河作为水源、运输通道和工业资源。

尼罗河是世界上最长的河流之一，全长约6700千米。它自布隆迪的维多利亚湖向北流去，在埃及汇入地中海。尼罗河附近的地区被称为黑土地，因为每年洪水过后都会留下黑色的沉淀物。

埃及的城市苏伊士是苏伊士运河的“家”。苏伊士运河在1869年建成，将红海和地中海连接了起来。在苏伊士运河建成之前，水手和商人不得不绕过非洲的顶端（最南端）或步行或通过骆驼队穿越沙漠运送货物。这是一段艰苦的长途旅程，可能需要数月的时间。苏伊士运河的开通使行程变得更短、更便捷。

尼罗河常在每年的6～9月暴发洪水。这给沿岸人民的生活带来很大的危害。最后，人们决定要做些什么。他们在1960～1970年修建了阿斯旺水坝。修建这座水坝是为了控制洪水而不是完全阻止洪水。你相不相信，有时候洪水是有益处的。尼罗河的洪水有助于把水和肥沃的土壤带到需要的地区。然而，如果洪水的水量过大，持续的时间过长，就是坏事情了。阿斯旺水坝能够控制洪水和释放水流，这有助于改善居住在尼罗河沿岸的人们的生活。

大坝帮助埃及人控制洪水，但也有其他自然灾害是埃及人无法控制的。这个地区是地震高发地带。同时，埃及的很多地区覆盖着沙漠，干旱和沙尘暴是他们共同关注的问题。

一些沙尘暴和风暴摧毁了宝贵的农田。同时，石油泄漏问题正威胁到埃及海岸附近的珊瑚礁。废物和其他污染物也在污染着尼罗河。尼罗河周围地区人口持续增长，但资源却相对不足。

埃及是一个美丽的国家，每年都会有很多人去那里度假。修建于4600多年前的吉萨大金字塔是世界古代七大奇迹之一，至今仍然屹立不倒。据科学家和学者估计，用来建造金字塔的石头有590712块，其中一些石头的单体重量达70吨。当时的人们不得不从采石场把石头运送到800千米外的金字塔建造工地。很难想象他们是怎样移动这些石块的，是不是？这是在为埃及胡夫法老建造陵墓。

要知道的词

非洲热风： 在阿拉伯语，这个词意味着干燥的热风。在埃及，春天时非洲热风吹过撒哈拉沙漠，带来高温、干燥和大量的沙子。一年中，在这段时间里，很多当地人都不会冒险外出。

有趣的事实

究竟有多大？那么大！

吉萨金字塔非常大，据说宇航员从月球表面可以看到这个神奇的建筑！

埃及人从事着很多不同的职业。尼罗河周围肥沃的土地出产农作物，如棉花、水稻和玉米；农民饲养牲畜，如牛、水牛，还有山羊；居住在城市的人们从事很多不同的工作；埃及的纺织品也非常出名；埃及还出产石油，许多人从事这个行业的工作；旅游业也是埃及经济的重要组成部分。

黎巴嫩

黎巴嫩是一个中东国家，西临地中海、北部与东部与叙利亚接壤，南临以色列。

黎巴嫩在西海岸拥有一片美丽的沙滩，黎巴嫩山脉占据了这个国家东部的一部分地区。黎巴嫩山脉的平均高度约为2100米，山体常年被冰雪覆盖。实际上，这个国家的名字就是从雪山而来的。黎巴嫩——阿拉伯语的意思是“白色的”，指的就是山脉。山脉之间的土地以及和叙利亚相邻的贝卡谷地是黎巴嫩大部分农作物的产地。当地的农民种植水果、蔬菜，如橄榄和葡萄，并饲养绵羊和山羊。

黎巴嫩拥有很多自然资源，出口石灰石、铁矿石和盐。你有没有见过黎巴嫩的国旗？在国旗的中间有一棵雪松。黎巴嫩的雪松生长在这个国家东部山区中。雪松正濒临消失，但仍保存下来了一些。这里的气候

地理知识知多少

黎巴嫩

首都和最大城市：贝鲁特

官方语言：阿拉伯语

面积：约1.04万平方千米

人口：约387万（2006年估算）

是典型的地中海气候，冬天温和、潮湿，夏天炎热、干燥。

科威特

科威特是位于波斯湾的一个中东小国，但它非常重要。它北临伊拉克，南临沙特阿拉伯，波斯湾是其东部边界。

当地最著名的建筑是位于科威特城的科威特塔，这是当地最著名的旅游景点。可能你已经在电视新闻或报纸上见过它们的影像了。它们实际上是一个系列的3个不同的塔楼。最大的塔楼上有两个大圆球，较低的圆球是一个旋转餐厅，坐在其中可以欣赏到国家风光和波斯湾景色。较高的小圆球是一个旋转观景台。而第二大的塔楼可容纳百万升的水，小塔则控制其他两个塔的电力。塔身覆盖着不同颜色的小金属板，约有5.5万块，在明亮的阳光照耀下，塔身会发出闪闪的蓝色光芒!

科威特有三大产业。第一是石油工业。科威特每天大约产石油250万桶，在世界石油产量中占有很大比例。石油工业约占科威特国内生产总值的60%。科威特也拥有一个巨大的海水淡化产业。从波斯湾取咸水进行处理变成淡水，这对这个国家的人们非常重要。中东是

地理知识知多少

科威特

首都和最大的城市： 科威特城

官方语言： 阿拉伯语

面积： 约1.78万平方千米

人口： 约318万（2006年估算）

要知道的词

国内生产总值： 国内生产总值是一个国家生产的所有产品（如石油）和劳务（如旅游服务）的总价值。

要知道的词

淡化： 海水淡化的过程中，盐被从水中除去。这个方法可以给生活在淡水缺乏地区的人带来饮用水。科威特和其他中东国家在海水淡化方面处于世界领先地位。

一个非常干燥的地方，对于饮用、浇灌农作物，淡水都是非常重要的。科威特还有造船业和渔业等行业。

近年来，科威特面临着严重的环境问题。由于中东国家的相互影响，这一地区共同面临着频繁出现的沙尘暴、荒漠化和干旱等问题。科威特还面临一个更加严重的问题，由于战争对当地油田的破坏，导致这里的土壤和地下水受到了石油的污染，空气也受到严重污染，为当地居民的生活带来了危险，该国南部的部分地区已不适宜居住。

有趣的事实

先生，这里太干旱！

科威特是一个非常干旱的国家。事实上，这个国家是世界上唯一一个没有天然湖泊的国家。

中东地区的地貌

中东地区是炎热干燥的沙漠地区。但当你读到这一段内容时，当地已经修建了很多储水的装置。

底格里斯河和幼发拉底河

底格里斯河和幼发拉底河通常放在一起讨论。底格里斯河全长约1900千米。它的源头在土耳其，然后向南流经叙利亚、伊拉克与幼发拉底河相会。从这里开始，两条河合为一条，直到到达波斯湾。

幼发拉底河全长约2700千米，它的源头也在土耳其。幼发拉底河的名字来源于“肥沃（fertile）”一词。这是很有道理的。这条河的附近地区非常适于农作物的生长和牲畜的饲养。幼发拉底河的水源来自土耳其山区，每年当积雪融化时河水开始上涨。

这些河流区域生长和生活着很多不同的植物和动物。这一地区的湿地还生长着纸莎草等植物。水牛、羚羊、瞪羚和跳鼠也在这里游荡。

阿拉伯沙漠

阿拉伯沙漠覆盖了阿拉伯半岛的大部分地区，从也门到约旦。阿拉伯沙漠的气候非常干燥。沙漠中最干燥的地区一年中大约只有3厘米的降雨！

这里生活的植物和动物不多。由于温度极端，动植物在这里很难生存。这里夏天的平均温度在40℃~50℃。冬季的气温徘徊在4℃ ~ 10℃，甚至可达-18℃。

沙特阿拉伯和阿曼之间的边界区域是流沙高发区。流沙是由流动的地下水与沙漠土壤共同引起的。少量水沿着这条边界进入盆地，形成了流沙。沙漠中的旅行者需要注意这种危险的现象。

阿拉伯沙漠的最大威胁之一是越野旅行。人们把汽车和卡车开进沙漠营地，并进行越野旅行。这种旅游方式的流行对当地植物和动物的栖息地造成了损害。

要知道的词

绿洲：你看到过绿洲的景象吗？它们是沙漠中有棕榈树和水的地方。绿洲是由地下泉水或河流形成的。绿洲一直是沙漠中的商人的重要停歇场所，因为在那里人们可以停下来取水。

世界上有什么？

美索不达米亚

美索不达米亚是一个历史悠久的地区。美索不达米亚这个词的意思是“两河之间的土地”。该地区就是位于底格里斯河和幼发拉底河之间。伊拉克、伊朗和叙利亚都处于美索不达米亚地区。

地形特点

下图所示是两种地形——你能解释它们是如何形成的吗？（注意：图中的单词是提示。）

Cliff

Valley

Canal

River

Bern

Plateau

Plain

Hill

Port

Mountain

Ocean

汽油是从中东来的吗

这周你去过加油站吗？如果你去过的话，很可能你家汽车的油箱里就加进了来自中东的汽油。但中东地区不仅仅只有高产量的石油。

石油生意

中东的许多国家都拥有石油和天然气资源。石油输出国组织（OPEC）一半以上的成员国位于中东。石油输出国组织的成员国拥有超过世界2/3的石油储量。石油输出国组织成员国举行会议，以确定石油的价格或者钻井数量。你可以想象得到这些国家在我们的日常生活中扮演着多么重要的角色。

收获珍珠

你知道珍珠是如何形成的吗？当一粒小沙子或一小块贝壳碎片进入到牡蛎壳中，被卡在里面，牡蛎用分泌物一层层把它包裹起来。最后，一颗珍珠就形成了。珍珠非常美丽，常被用来制作首饰。

中东小国科威特是世界上最大的珍珠出口国之一。科威特不但有大量的石油资源，珍珠产业也是这个国家的传统产业。

中东的游客

你见过埃及金字塔的图片吗？每年有无数来自世界各地的游客参观金字塔。他们不仅参观金字塔，还会到市场购物，也许还会骑一骑骆驼。

啊！这里真热，快来看看撒哈拉沙漠

撒哈拉沙漠地处非洲，覆盖了北非的大部分国家。这片沙漠从大西洋延伸至东部的红海，北达地中海南部，南至苏丹的北部。

撒哈拉沙漠正变得越来越大。荒漠化与气候变化正在共同影响着这个地区，使沙漠的面积不断扩大。据可靠的说法，沙漠正以每年约30千米的速度向南扩展。这意味着当地许多人正在失去田地，许多动物也正在失去家园。

撒哈拉沙漠是地球上接收太阳光照射最多的地方。由于当地很少有云雨天，这个地区每年会接收到4300小时的阳光照射。这也意味着当地全年晴天的时间占97%！

要知道的词

湿地：湿地也被称为沼泽。湿地土壤中含有的水分达到了饱和，因此只有某些特殊植物能在那里生长。

储量：我们所知道的石油储量，是指被发现的存储在岩石深处的石油数量。很久以前，植物和其他生物死亡后，随着时间的推移，这些生物留下的物质形成了石油。形成新的储量需要数百万年的时间。

有趣的事实

纸莎草

纸莎草是在尼罗河、底格里斯河和幼发拉底河等地区生长的一种高大的植物。这些植物能长到2.7米高。纸莎草可以被切成细条用来造纸。古代时人们还用其来造船和做床垫。

干燥的天空

有些人说撒哈拉沙漠是世界上最大的荒漠。它覆盖了1/3的非洲大陆，相当于美国的大小。但是根据一些定义，南极洲是更大的荒漠，比撒哈拉沙漠大1.5倍。

不论你选择哪一个，那里都很少下雨！下面的这些植物需要一些雨水，你能看出来哪株植物能够得到最多的雨水吗？它包含在一个圆形和一个正方形里，但没有包含在矩形里。

Frozen Funds

Where do penguins keep their money?

In a snow bank!

生活在撒哈拉地区的植物和动物很容易被辨认出来。哺乳动物，如单峰骆驼和山羊，被用作运输工具，或者作为肉、奶的来源。蹄兔是大象的一个小“亲戚”，在撒哈拉被发现。这片沙漠中的大多数植物都能耐受干旱的气候和高于正常水平的盐含量。为了找到水分，大多数生活在这里的植物根部都比较发达，有的植物的根部可以钻入地下深处，甚至达到24米深的地方。像棕榈树、仙人掌和相思树等就非常适合沙漠的环境。

地理知识知多少

撒哈拉沙漠

面积：约906万平方千米

最高温度：58℃

每年平均降雨量：2厘米~10厘米

有趣的事实

单峰骆驼

生活在非洲的单峰骆驼只有一个驼峰，而生活在亚洲的双峰驼有两个驼峰。骆驼的驼峰是用来储存脂肪的，而不是像很多人认为的储存水。

Make It “To Go”

埃及以木乃伊闻名。为了死后复生时，能够在物质和精神上得到保证，在下葬木乃伊的时候人们会将家族物品一起陪葬。在下面的字母中找到以下16个隐藏的物品（单词）。同时查一查字典，了解这些单词的意思。

AMULETS, ANIMALS, BOATS, CLOTHING, FOOD, FURNITURE, GAMES, JEWELRY, MASKS, PERFUME, PETS, POTTERY, SERVANTS, STATUES, TOYS, WEAPONS

B	O	Y	R	E	T	T	O	P	W	A	M	U	P
S	E	R	V	X	J	E	L	E	W	N	B	X	O
B	O	A	T	S	O	S	S	T	Y	S	O	W	S
O	B	A	M	U	L	E	T	S	K	P	A	E	O
A	M	U	F	A	Y	W	S	S	O	O	U	A	E
J	E	A	M	X	J	E	A	T	G	T	S	P	M
W	G	I	T	L	E	M	R	O	A	T	E	O	U
C	N	U	T	U	W	F	U	T	M	O	V	N	F
A	I	P	O	M	E	U	S	U	E	X	R	S	R
P	H	B	O	A	L	W	A	P	S	U	M	E	E
B	T	O	F	U	R	N	I	T	U	R	E	S	P
U	O	B	O	K	Y	N	I	A	M	U	K	Y	F
E	L	T	O	P	D	W	E	A	O	E	S	O	U
F	C	Y	D	T	T	S	E	R	V	A	N	T	S

CHAPTER 7

亚 洲

意想不到的旅行

看一看地球仪，你会发现位于欧洲和太平洋之间的亚洲。亚洲是地球上最大的大陆，拥有许多不同的民族、文化、语言、宗教和食物。亚洲占据了地球表面陆地面积的1/3，人口超过40亿人。这意味着亚洲的人口约占全世界总人口量的60%。亚洲的气候范围从冰冻苔原带延伸到“热气腾腾”的热带雨林带，世间绝大部分事物以及各种各样的野生动物都可以在这两个自然带间找到。

你曾观看过的烟花以及这本书所用的纸张，都只是来自亚洲的一些日常发明。中国和印度盛产的丝绸是这片大陆上最著名的工艺品。

亚洲有48个独立的国家，其中一些国家，如土耳其，其部分领土位于其他洲。本书无法一一描述每一个国家，我们会带领大家前往一些广为人知的地方。我们也会看一看环太平洋火山带周边的岛屿国家，认识一下这个神奇大陆的最高点和最低点。现在，我们就出发去亚洲了！

你知道吗？

穿越国家之旅

西伯利亚大铁路，建于1916年，是世界上最长的连续铁路线。从莫斯科雅罗斯拉夫尔火车站出发，旅行约9300千米到达西伯利亚的符拉迪沃斯托克，全程8天。

北　亚

在Chapter 5中介绍了俄罗斯是一个欧洲国家，但俄罗斯有一部分领土是位于亚洲的，它在亚洲的那部分区域被叫作西伯利亚。现在，请你穿上最厚的外套，让我们去俄罗斯探险吧！

来到了冻土带，你会不会觉得在西伯利亚什么都不能生存。然而，这个地区却是许多植物和动物的家园。在苔原带上，你可以看到草、苔藓，还可以发现旅鼠、黄鼠狼、熊、狐，以及其他一些动物，包括飞经此地的几十种鸟类。这里是鸟类迁徙途经的一站。在针叶林，你可以找到常青树，还可以看到驯鹿、熊和松鼠。在靠近中国边境的区域，你甚至有机会看到一种著名的老虎——东北虎，它们有着厚厚的皮毛，用来抵御寒冷。

西伯利亚也有着丰富的自然资源，如来自针叶林的木材、矿物，还有来自南部大草原农田的多种粮食作物。这里的农民饲养牲畜，如牛、绵羊、驯鹿，这里还有奶牛养殖场。

贝加尔湖被称为“西伯利亚的蓝眼睛”，是世界上最深（1637米）和最古老的湖泊。那里生活着世界上唯一的淡水海豹——贝加尔海豹。

居住在这个地区的居民已经能够适应寒冷的气候条件。东西伯利亚的雅库特人自当地河流里的冰块获得饮用水。他们把自己的房屋搭建在平台或木制高架上，

要知道的词

针叶林：针叶林是寒冷地区的森林，那里很少降雨或降雪。在夏季，地面的冰会融化一点儿，但树木的生长期很短。

地理知识知多少

中　亚

国家	首都
哈萨克斯坦	阿斯塔纳
吉尔吉斯斯坦	比什凯克
塔吉克斯坦	杜尚别
土库曼斯坦	阿什哈巴德
乌兹别克斯坦	塔什干

亚洲西南部

国家	首都
阿富汗	喀布尔
亚美尼亚	埃里温
阿塞拜疆	巴库
塞浦路斯	尼科西亚
格鲁吉亚	第比利斯

土耳其

首都：安卡拉

最大城市：伊斯坦布尔

官方语言：土耳其语

面积：约78.4万平方千米

人口：约7050万（2007年估算）

以抵御寒冷、防止冻伤。他们穿着厚厚的衣服保持身体温暖。

中　亚

隐藏在中国青藏高原的雪豹在捕鹿，它小心地、缓慢地移动着，然后跃起！雪豹是世界濒危动物，它常常独自打猎和生活，很难被发现。

中亚是亚洲的第二大区域，其地形包括山地、高原、沙漠和草原。这个区域里的大多数人居住在农村，工作在农场和饲养厂。这里的大部分土地不适于种植粮食和作物。居住在这里的人中有不少是游牧民族，他们在绵羊和山羊可以找到食物的地方搭建帐篷，然后继续前进。有时，他们会到城里推销自己的产品。绵羊和山羊提供了肉、奶，羊毛被织成美丽的地毯。

西南亚

继续沿着大陆行进，我们来到了阿拉伯半岛干旱的沙漠。在Chapter 6中你已经了解了许多这些国家的情况，所以我们这回将参观土耳其、俄罗斯等之前没有介绍过的国家。这两个国家都分别位于亚洲和欧洲。土耳其三面环水，西方是爱琴海，南方是地中海，北方是黑海。

土耳其

土耳其与地中海北部和黑海的南部相连。它西部毗邻保加利亚和希腊，东部与格鲁吉亚、亚美尼亚、阿塞拜疆、伊朗、伊拉克和叙利亚6个国家接壤。——这么多邻居！

土耳其各地的地形和气候差别很大。它的中部非常干燥，但也有一些地方降雨充足，森林生长茂盛。生物多样化也是土耳其的一个主要特点。在冰川时代，一些动物南迁到土耳其躲避寒冷。有些物种适应了土耳其的环境，在这里定居下来。今天在土耳其的土地上仍然可以看到它们。鸟类爱好者非常喜欢土耳其，因为这里是很多亚洲、欧洲，甚至非洲鸟类的迁徙行经之地。

生活在哪里

虽然大多数地震和火山喷发都发生在环太平洋火山带，但仍有数以百万计的人生活在火山带附近。人类生活在各种各样有趣的地方。你能看出这个男孩和他的猫住在哪里吗？只要把这些点连接起来就能发现。

南 亚

继续南行，我们就来到了南亚。这是世界上人口最多的地区之一。在约450万平方千米的区域居住着17.5亿人。这里的很多土地都非常适于耕种，有些城市非常富裕，然而也有很多地区相当贫穷，当地人过着艰苦的生活。

南亚生活着许多不同种类的野生动物，如猴子、猫鼬、犀牛、老虎、大象等，然而它们的生活却正在遭到破坏。随着人们修建越来越多的房屋，动物们可以生活的区域变得越来越小。非法狩猎、偷猎等则是另外一个严峻的问题，尤其是对于老虎的捕杀。

印 度

印度是东南亚最大的国家，也是世界上第二大人口大国。在新德里，你会看到五颜六色的纱丽，闻到食物的刺激性气味，听到繁忙都市嘈杂喧闹的声音。75%以上的南亚人居住在印度。这些人说着几百种不同的语言，但当地的主要语言是印地语。印度北部边界是喜马拉雅山，它是世界上最高的山脉；塔尔沙漠位于印度西部，那里极其炎热；印度的南方则生长着肥沃的农田。

地理知识知多少

南 亚

国家	首都
孟加拉国	达卡
不丹	廷布
印度	新德里
马尔代夫	马累
尼泊尔	加德满都
巴基斯坦	伊斯兰堡
斯里兰卡	科伦坡

印 度

首都：新德里

最大城市：孟买

官方语言：英语、印地语

面积：约298万平方千米

人口：约11.2亿（2007年估算）

你知道吗？

纱 丽

纱丽是一块布，大约4.5米长，用它裹住身体，看起来像穿了一件长礼服。末端绕在肩膀上或头部。印度等南亚国家的女子经常穿纱丽和短衫。

有趣的事实

泰姬陵

泰姬陵位于阿格拉市，是由莫卧儿帝国皇帝沙贾汗于17世纪建造的。这座白色大理石建筑是皇帝妻子的坟墓。现在这里成了一个受游客欢迎的旅游景点。

印度地处次大陆，这里原本不是亚洲的一部分。很久以前，这里是一块独立漂浮的陆地。当它撞向亚洲大陆后，情况改变了，喜马拉雅山脉由此诞生。它是世界上最高的山脉，你会在本章后面的介绍中读到更多有关它的内容。

印度有3个主要季节：凉季、旱季和雨季。在雨季，被称作季风的风越过印度洋，携带着水分。然后，它吹向陆地，把水分留给农作物。对于印度农民来讲，雨季具有重要意义。

说到食物，哪种食物是当地最具代表性的食物，完全取决于你处在印度的什么地方。这里的大多数食物都含有一些辛辣的蔬菜、木豆（小扁豆）、达希酸奶[1]和大米或薄饼（面包）。印度人习惯在烹饪时添加黄姜、辣椒、孜然、香菜和小豆蔻，使当地饮食带有一种独特的辛辣味。

地理知识知多少

东南亚大陆

国家	首都
柬埔寨	金边
老挝	万象
缅甸	内比都
泰国	曼谷
越南	河内

东南亚大陆

向东游历，就来到了位于热带的东南亚。这里以自然景观为主，如森林、矿山等。该地区土壤肥沃，河流里有大量的鱼类。

1 印度的一种特有的酸奶。

这个区域的大多数人居住在小村庄从事农业。他们使用着传统的方法耕种土地。当地的主要作物和粮食是水稻。这种作物种植在水里，被称为稻田。

泰 国

如果你看一下地图上的泰国，会发现它看起来有点儿像大象的头。你可以看着地图想象一下——两边是两只伸出来的大耳朵，以及一个一直延伸到海里的长鼻子，是不是非常贴切？大象也是泰国的国家象征。但是，泰国的野生大象已不到2000头了。

泰国的地形非常多样，沿海拥有世界上最美丽的海滩，这里的捕鱼业也非常发达。泰国中部有热带雨林和稻田。泰国大约有40%的人从事农业，他们中的许多人以种植水稻为生。当你向北行驶时，会发现土地变得越来越干燥，开始出现越来越多的山区。像印度一样，泰国也受到季风的影响，每年都会有雨季。

东亚旅行

高山、沙漠、广袤的平原和河谷是东亚的主要地貌特征。很久以前，中国就是这个地区最大的国家，人口数量占该地区的85%，土地面积占90%。中国人对这一地区的艺术、文字和语言起到了巨大的影响作用。

地理知识知多少

泰 国

首都和最大城市：曼谷

官方语言：泰语

面积：约51.3万平方千米

人口：约6528万（2006年估算）

东 亚

国家	首都
中国	北京
日本	东京
朝鲜	平壤
韩国	首尔

地理知识知多少

中　国

首都： 北京

官方语言： 汉语普通话

面积： 约960万平方千米

人口： 约13.2亿（2007年估算）

中　国

中国文明是世界上最古老的文明之一，拥有着6000年的历史和文化。中国还拥有世界上持续时间最长的文字系统。与以26个字母为基础的英语不同，中国的汉字超过5万个，每个字都代表了一个不同意思。日本和韩国都使用汉字文字系统。在英语中，日本的汉字叫kanji，朝鲜的汉字叫hanja。

中国的国土面积居世界第三，拥有世界上最多的人口。它与14个国家接壤，气候类型贯穿南部的热带气候到北部的亚寒带气候。

大多数中国人都生活在东部地区，那里有森林、草原、山谷和肥沃的土地，长江和黄河蜿蜒流向海洋。在中部地区，你也许可以在山上发现一只大熊猫，但现在野生大熊猫已经不多了。

农历五月初五是中国的一个传统节日，叫端午节，英文是Dragon Boat Festival（龙舟节）。当天人们会吃粽子，还会进行划龙舟比赛。参加比赛者为了划得更快，有人划桨，有人击鼓，相互配合节奏。赛龙舟在中国的一个地区——香港，特别受欢迎。

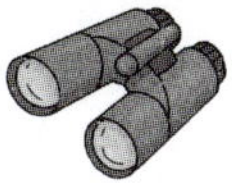

日　本

日本由几千个小岛屿和4个主要岛屿组成，4个主要岛屿是北海道、本州岛、九州岛、四国岛。大多数岛屿上都有山，有的岛屿上还有火山。火山爆发和地震在日本经常发生。由于四面环海，日本人喜爱用鱼制作美食，包括寿司、生鱼片等。

在本州岛，你可以看到一座白雪皑皑的高大山峰，这就是富士山。富士山海拔3776米，是日本最高的山。对于许多日本人来讲，富士山是一座神圣的高山，每年都有成千上万的人沿着山周围漫长的道路攀登到山顶部。

现在，让我们来参观一下日本庭院。日本的庭院深受中国园林的影响。大部分日本庭院都拥有这些主要元素：水、岩石、石灯笼、茶室、围栏或墙壁，以及一座桥、一座小岛或踏脚石。这些元素代表了大自然中的元素。有时，这些庭院是休息的地方，让忙碌的人观赏和放松；有时，人们会在庭院里展示特殊的植物或岩石；一些庭院是为了举行日本传统的茶道仪式而设计的。有些人曾经很喜欢并经常在其中散步的庭院后来变成了公园。日本的庭院简单而美丽。

地理知识知多少

日　本

首都和最大城市：东京

官方语言：日语

面积：约37.8万平方千米

人口：约1.275亿（2007年估算）

你知道吗？

太阳国

日本人称自己的国家为日本，意为“太阳之源”，因此日本也被称为“太阳升起的地方”。

丝绸之路

我们把旅行时间向后推到大约公元前114年——汉朝，探索古老的丝绸之路。丝绸之路是一条贸易路线，连接着东方和亚洲西部地区。人们带着货物，如丝绸、缎子、宝石沿着丝绸之路，从中国出发，前往地中海地区，在途中或在大的港口城镇出售货物。这些外来产品的引进帮助成就了许多伟大的文明，如波斯、阿拉伯和罗马等。丝绸之路连接着中国、中亚、中东和欧洲。

丝绸之路上有几条可走的路线。北线分为3路，两条路线绕过塔克拉玛干沙漠通往今天的吉尔吉斯斯坦，一条路线经天山山脉北侧通往今天的哈萨克斯坦。乌兹别克斯坦的撒马尔罕和布哈拉是两座古城，它们位于丝绸之路的重要位置。有些人经海上通道（海上丝绸之路），将货物运送到罗马和地中海沿岸的其他港口。丝绸之路同样也促进了艺术、文化的发展，以及中国古代发明，如火药、印刷术和指南针等的传播。

你知道吗？

丝绸之路上的产品

丝绸之路上运输和销售的许多货物都是昂贵的物品。丝绸是由蚕丝制成的，蚕丝是一种美丽光滑的纤维。乳香和没药是古代香水。

东南亚群岛

旅行又拉回到今天，我们走向东南亚的岛屿，来到加里曼丹岛。这是亚洲最大的岛屿，也是世界第三大岛屿。加里曼丹岛分为印度尼西亚、马来西亚和文莱三国。加里曼丹岛上有一座著名的大型洞穴——沙捞越厅，位于马来西亚，全长约700米。

在印度尼西亚和菲律宾岸边的礁石间生长着各种各样的珊瑚和海洋动物。这些珊瑚礁的生存正遭受非法捕捞、污染和全球变暖的威胁。这会影响食品来源依赖珊瑚礁的国家。因为珊瑚礁的栖息地正在逐渐消失，鱼的数量减少，这意味着渔民的食物也变少了。但由于东南亚的人口不断增加，而且当地还要向世界各地出口鱼肉，对鱼的需求量也在不断增加。

地理知识知多少

东南亚

国家	首都
文莱	斯里巴加湾市
东帝汶	帝力
印度尼西亚	雅加达
马来西亚	吉隆坡
菲律宾	马尼拉
新加坡	新加坡

环太平洋火山带

环太平洋火山带全长4万千米，横穿东南亚岛屿。世界上90%的地震都是由环太平洋火山带引起的。环太平洋火山带上有452座火山，占全世界活跃火山和休眠火山的75%。当地球的两块构造板块相撞，其中一块滑到另一块下方，火山就爆发了。

2004年，印度洋的水下地震造成了可怕的海啸和巨大的浪潮。地震震级达到9级——太强烈了，导致整个地球都发生了轻微颤抖。地震释放出强大压力，从地震中心蔓延，聚集起速度和力量撞击地面。

有趣的事实

天堂海啸

在过去的100年间，夏威夷遭到过两次海啸袭击，分别发生在1946年和1960年，共有221人丧生。这两次海啸都是由阿拉斯加阿留申群岛的海底地震引发的。今天，这里已经有了海啸预警系统，可以提前告诉人们将要发生海啸。

不幸的是，海啸发生之前没有任何预警，巨浪摧毁了印度尼西亚、印度和泰国的沿海村庄。据估计，有超过20万人因此丧生。海啸造成的破坏蔓延到非洲。

走向高处和低处

我们已经游览了这个神奇大陆的很多地方，也见识过了这里的各种文化和风景。现在，是时候来看看世界的制高点——珠穆朗玛峰和最低的地方——马里亚纳海沟了。

只有天空

在白雪覆盖的喜马拉雅山上屹立着世界最高峰珠穆朗玛峰，这里被称为“世界屋脊”，海拔有8844米，并且还在以很慢的速度长高。这个巨大的山峰是在6000万年前大陆迁移时形成的——两个大陆板块相向移动，迫使山脉向上生长。珠穆朗玛峰位于尼泊尔和中国西藏境内。

登山者从世界各地涌向这里，都努力登上峰顶。攀登珠穆朗玛峰存在着许多危险，如高原反应、寒冷的天气、刺骨的大风。在没有预警的情况下发生的雪崩能将登山者掩埋在冰雪里。登山运动是尼泊尔国家的一大收入来源。为了防止有人在没有进行适当训练的情况下攀登，尼泊尔政府要求登山者办理一个昂贵的许可证，才能攀登这座高山。此外，登山者还需要向导帮助他们到达山顶。夏尔巴人居住在喜马拉雅山的山区，他们非常善于爬山，以在高海拔条件下的力量和耐力著称。其中，最著名的向导是夏尔巴人丹增·诺尔盖。1953年，他与登山家埃德蒙·希拉里一起登上珠峰，成为第一批登上峰顶的人。

屏住呼吸

潜入蔚蓝的太平洋，低下头，向下，向下，再向下，你就到达了马里亚纳海沟——地球海洋的最深处。它的最低点被称为斐查兹海渊，深约1.1万米，是由英国皇家海军挑战者II号测出的。它位于马里亚纳群岛附近。为了让你对海沟的深度有更加直观的印象，你可以想象一下：如果把珠穆朗玛峰放到里面，它会沉入水下！这个令人印象深刻的地理特征描述，体现了这里板块构造的特点。太平洋板块俯冲到菲律宾板块之下，于是形成了马里亚纳海沟。

有什么生物能在这里生存吗？当然！那里生存着极小的生物，如微生物、虾、蟹，还有其他喜欢深海、黑暗的生物。鮟鱇就非常喜欢黑暗，它们摇动末梢带有一点儿光亮的触角来吸引猎物。

要知道的词

高原反应：当你处在海平面2400米以上时，你就可能产生高原反应，症状包括头痛、呕吐、头晕和极度疲惫。通常这些症状会在一两天内消失，但有时却会变得更加严重。这时，你就需要去医院了！

幸运屋

龙是中国的象征，龙在中国一直代表着力量、权威和尊严。中国人是龙的传人，你能在下面找到几条龙?

CHAPTER 8

非 洲

欢迎来到非洲大陆

非洲是世界上第二大的大陆，包括从大沙漠到茂密的热带雨林，从大草原到雪山等丰富的自然景观。地球上最大的和最知名的野生动物许多都生活在非洲，如狮子、斑马、长颈鹿、鳄鱼、河马、黑猩猩、大猩猩、狐猴等。在这一章中，我们将到非洲大陆的各地区去探险，与生活在这里的人会面，跳到马达加斯加上，到好望角和南非看一看，去考察看那些地方的动物。带上你的望远镜和太阳镜，让我们到非洲旅行吧！

非洲西临大西洋，东临印度洋，北临地中海，东北部挨着苏伊士运河和红海。非洲被认为是地球上最古老的居住区。从19世纪中期人类学家发现的化石和文物表明，在至少700万年前就已经有人类生活在非洲大陆上了。

非洲的大多数居民是生活在农村的农民或牧民，但现在约有20%的人居住在城镇。最繁华的城镇位于非洲北部，特别是埃及的首都开罗等城市人口密度很高，数量约有1000万。大约有7.75亿人生活在撒哈拉以南，这里被称作撒哈拉以南的非洲地区。在非洲，由于近期人口增长迅速，25岁及以下的人口超过人口总量的一半。随着婴儿出生数量不断增加，家庭的规模也变得越来越

要知道的词

人类学家： 人类学家是研究人类的人。他们研究人类从哪里来，很久以前的人是如何生活的。

庞大。

非洲有超过1000种语言。虽然这里的语言大多是非洲方言，但也有一些是由在非洲统治了数百年的欧洲国家引入的西方语言。同时讲非洲方言和西方语言对人们来说是不寻常的，你是不是认为这些不同的语言会使人们难以沟通？的确是这样！但有些语言，如阿拉伯语、斯瓦希里语、豪萨语，当地的很多人都会讲，所以人们通常可以找到一种方式来沟通。

非洲有几百个民族，每个民族都拥有自己的方言和文化。许多部落被分割到多个国家，因为有时人们在划分边境线时，没有考虑到保持部落的完整。非洲西部和非洲中部的伊博人、约鲁巴人，非洲东部的基库尤人和非洲南部的祖鲁人，是非洲最大的部落。

非洲西北部

非洲西北部沿海地区气候温和。这里冬天温暖潮湿，夏天炎热干燥，适宜柑橘、番茄、橄榄和海枣等农作物生长。再往内陆行进，就到了撒哈拉沙漠。尽管这里的沙子和岩石热得好像在燃烧，动物们还是有办法找到生活在这里的方法。在本章的结尾部分，我们将去看看非洲的动物。

世界上有什么？

图阿雷格人

撒哈拉的气候非常极端，那里白天的温度能达到50℃，夜间温度则会降到0℃以下，但有一个叫图阿雷格的部落曾居住在这里，部落中的人每天骑骆驼走很长的路去交易他们的盐。现在，这个部落中的人已经在西非的城市定居了下来。

来自南非的电子邮件

爱丽丝在非洲旅行。今天她看见了大象和长颈鹿，所以她要用电子邮件给朋友发一张图片。但是图片上的有些东西被搞混了，你能帮助爱丽丝找到下面场景里10处不一样的地方吗?

我们首先前往摩洛哥。摩洛哥名字的意思是“西方的王国”。马拉喀什是摩洛哥的一个繁华的城市。这里的空气中充满了橄榄和香料的味道，水果摊色彩鲜艳，当地的咖啡馆提供甜薄荷茶。你可以看到白雪皑皑的阿特拉斯山脉穿过摩洛哥。马拉喀什拥有非洲最大的露天市场。摩洛哥的主要产业是旅游业、农业和化工生产。

地理知识知多少

非洲西北部

国家	首都
阿尔及利亚	阿尔及尔
利比亚	的黎波里
摩洛哥	拉巴特
突尼斯	突尼斯

摩洛哥

首都：拉巴特

最大城市：卡萨布兰卡

官方语言：阿拉伯语

面积： 约44.7平方千米

人口：约3376万（2007年估算）

非洲东北部

向东方前行，我们来到非洲东北部的国家和非洲之角——因为形状像动物的角而得名。在Chapter 6中，你知道了，尼罗河是世界上最长的河流。尼罗河向北延伸到地中海，途径埃及和苏丹，灌溉周围的农田和提供饮用淡水。尼罗河是由两条河流形成的，分别为白尼罗河和青尼罗河，它们在苏丹的喀土穆汇合。尼罗河也是一个著名的旅游景点。在尼罗河上，游客们乘坐着游船或叫三桅小帆船的传统帆船顺流而下，参观埃及历史悠久的名胜古迹。

让我们的船沿着青尼罗河前行，来到河的源头——埃塞俄比亚的塔纳湖。埃塞俄比亚是非洲人口最多的国家之一（第二），也是世界上最古老的国家之一。但是饥荒和干旱让这个国家陷入极度贫穷。埃塞俄比亚的经

地理知识知多少

非洲东北部

国家	首都
吉布提	吉布提
埃及	开罗
厄立特里亚	阿斯马拉
埃塞俄比亚	亚的斯亚贝巴
索马里	摩加迪沙
苏丹	喀土穆

济以农业为主，但许多农民种植的粮食只够养活自己的家庭。这里最常见的农作物是咖啡、甘蔗、小麦和玉米。一些农民也饲养动物，如牛。

在埃塞俄比亚，人们使有一种特殊的方式来煮咖啡。他们先把咖啡豆放到热炭炉子上烤，以释放咖啡豆中的油脂。然后把它们捣碎，放入一个黏土罐中，加入水，煮沸。之后将咖啡反复从一个陶罐倒入另一个，使其冷却。最终，咖啡被端上桌，把咖啡一杯杯倒出，让渣滓留在罐底。

西 非

穿越撒哈拉沙漠，我们来到了位于另一种气候带的西非。这个地区的北部低于撒哈拉沙漠，叫萨赫勒地区。中部地区是草原和平原，而南部地区是热带雨林。降雨随着向南行进而逐渐增多，但总的来说，这个地区降雨量仍然很少。

生活在这里的居民主要有：一是定居在自己耕地上的农民；二是游牧的牧民，他们四处寻找可以放牧的地方。牧民通常生活在北方，那里的土地不适合耕种。

让我们回到船上，沿着尼日尔河航行到尼日利亚。这个国家有250多个不同的民族。最大的族群是东部的伊博族、西部的约鲁巴族和北部的豪萨–富拉尼族。

要知道的词

饥荒： 当严重缺乏食物的时候，饥荒就发生了，人们处于饥饿中。

在尼日利亚的种植园，农场耕种大量的土地，使用机器收割和种植。这些种植园的农作物包括棉花、咖啡、糖、可可和棕榈油。但大多数尼日利亚农民只拥有自己的一小块土地，他们使用简单的工具为家庭种植食物，如薯类。

在杂货店"狩猎"

下一次，你去一家杂货店，走到咖啡货架前，看看能不能找到产自埃塞俄比亚的咖啡，以及其他国家制造和销售的咖啡。

中部非洲

穿过尼日利亚边境，就是中非地区。这个地区一部分位于赤道上方，一部分位于赤道下方。这个地区非常潮湿，常年降雨，属于热带雨林占主导的南部景观。当你沿赤道向北行进，土地开始变得干燥，雨林变成了草原。在乍得，草原变成了炎热的萨赫勒地区。

让我们继续前进，前往喀麦隆。喀麦隆是一个拥有200多个不同种族的国家，是非洲最富有的国家之一。虽然喀麦隆经历过艰难岁月，但它已经依靠石油生产繁荣起来，并重建了国家。它的景观包括西部山脉、北部草原和南部的热带平原。与许多我们去过的国家相同，喀麦隆的大部分居民都是农民或牧民，他们生活在农村或小城镇，同时有一些人则搬到了大城市去寻找更好的工作机会。

有趣的事实

讲故事的人

在西非，历史是通过故事和音乐传递的。在塞内加尔，讲故事的人被称为民谣歌手，他们从一个村庄到另一个村庄传播故事、诗歌和歌曲。

地理知识知多少

西　非

国家	首都
贝宁	波多诺伏
布基纳法索	瓦加杜古
科特迪瓦	亚穆苏克罗
冈比亚	班珠尔
几内亚	科纳克里
几内亚比绍	比绍
利比里亚	蒙罗维亚
马里	巴马科
毛里塔尼亚	努瓦克肖特
尼日尔	尼亚美
尼日利亚	阿布贾
塞内加尔	达喀尔
塞拉利昂	弗里敦
多哥	洛美

中东部非洲

东非大裂谷彻底改变了这一地区，在本书后面的章节里我们将详细介绍这一地区。大裂谷将中东部非洲的地形变成了湖泊、峡谷和火山。在其他地区，广阔的草原里分布着各种大型动物。每年的降雨影响着热带草原的环境，热带草原上的草可以长到4米高，植物把根扎到土壤深处，以收集水分。生长在该地区的相思树上长有的尖尖的叶子也会减少水分流失。动物四处游荡寻找水源。

穿越到肯尼亚，我们会看到一片肥沃的土地。动物在保护区被保护起来，铁路连接起港口和城市，咖啡和茶叶被大量出口，游客们为了看当地的动物拥向这里。然而，许多居民仍然以耕种为生，但产量仅够自给自足。由于这个地区许多国家的土地并不适合种植作物，人们只能从事畜牧业。

肯尼亚有42个民族。基库尤族是最大的族群，基库尤人居住在肯尼亚山附近的高地农场。他们讲班图语、斯瓦希里语和英语。马赛族是该地区著名的部落。他们是生活在坦桑尼亚和肯尼亚之间草原地带的游牧民族，马赛人的服饰和风俗很容易辨认。他们居住在塞伦盖蒂、马赛玛拉国家保护区。

南部非洲

穿过坦桑尼亚和赞比亚，你就来到了非洲南部地区。在这里，你可以看到在纳米布沙漠和卡拉哈里沙漠"主宰"下的热带森林和草原景观。这个地区的大部分野生动物，如大象、豹子、狮子、白犀牛和非洲水牛，都生活在草原和森林里。在卡拉哈里沙漠，桑族人（也被称为布须曼人）的生活方式很像猎人，他们使用弓箭猎杀野生动物，采集植物和水果作为食物。他们的语言非常独特，带有明显的咔嗒声。他们的房子都是采用自然材料建筑的，如树枝和长草。

接着让我们前往津巴布韦，一个与博茨瓦纳、赞比亚、南非和莫桑比克接壤的内陆国家。津巴布韦正面临几个环境问题，如森林减少、环境污染等。此外，无论是黑犀牛还是白犀牛，都因偷猎而濒临灭绝。

津巴布韦的主要民族是绍纳人，他们生活在中心和东部的不同部落里，大部分人从事农业，但有些人已开始在城市工作。

地理知识知多少

非洲中部

国家	首都
喀麦隆	雅温得
中非	班吉
乍得	恩贾梅纳
刚果（布）	布拉柴维尔
刚果民主共和国	金沙萨
赤道几内亚	马拉博
加蓬	利伯维尔
圣多美和普林西比	圣多美

复印大陆

非洲大陆地域广阔。

你能从这些颠倒的地图中找到非洲大陆的复印图吗？

好望角和南非

好望角是一个半岛，位于非洲南端偏西北方向，对于去往非洲的船只，当人们进入或离开印度洋时，这个地理位置具有非常重要的作用。好望角的第一个名字是 “风暴角”，是1488年由葡萄牙探险家迪亚士取的名字。后来这里改名为“好望角”，因为它开启了一种通往印度和东方的新方式。每天都有数百艘大轮船绕过好望角航行，同时也有许多油轮离开波斯湾。

南　非

回到大陆，我们来到南非。南非的海岸线有2800千米长，毗邻大西洋和印度洋。开普敦于1652年建立，原本是荷兰东印度公司在非洲道路上修建的休息站。南非的主要民族包括祖鲁、科萨、巴索托、文达、茨瓦纳、聪加、斯威士和恩德贝莱等。

南非三面环海，位于南半球，气候温和，大部分地区气候为温带气候。但南非也有几个地区处于不同的气候带，从炎热的纳米比亚沙漠地带到靠近莫桑比克边境的亚热带地区。西南部气候冬天湿润，夏天炎热干燥，是葡萄酒的最佳产地。这一地区也会出现风力强劲的时候，致使绕非洲南部航行变得具有挑战性。另一方面，南非东南海岸草木茂盛，被人们称为花园大道，有数百种鸟类经常出现在花园大道的湿地上。

有趣的事实

犀 牛

黑色犀牛和白色犀牛其实都是灰色的，但不同嘴唇形状可以将它们区分开，它们的区别还可以与它们吃什么联系起来。黑犀牛的上唇是尖的，因为黑犀牛用自己的嘴唇摘取树木和灌木的叶子或果实。白犀牛的上唇看起来更方一些，因为它们吃草，头朝向地面。

马达加斯加

我们去过了非洲大陆国家，现在该去马达加斯加游玩了。它位于非洲东南海岸附近，是世界第四大岛屿。马达加斯加生活着许多不同种类的植物和动物，有些是这个国家所独有的。马达加斯加最著名的动物是狐猴，它是猴子的亲戚。生活在这里的其他动物还包括变色龙、龟、飞蛾和蝴蝶。这里还曾经生活过一种动物——象鸟，如今已经灭绝了。这种鸟类不会飞，身长约3米，体重约450千克。

马达加斯加拥有不同的地貌，有高原、肥沃的农田、山脉、河流、沙漠。海岸附近气候温暖而潮

地理知识知多少

南 非

首都： 茨瓦内（行政）
布隆方丹（司法）
开普敦（立法）

最大城市： 约翰内斯堡

官方语言： 11种官方语言

面积： 约121.8万平方千米

人口： 约 4790万（2007年估算）

地理知识知多少

马达加斯加

首都和最大城市： 塔那那利佛

官方语言： 马达加斯加语、法语

面积： 约59.3万平方千米

人口： 约2000万（2008年估算）

湿，但在南部沙漠地区气候炎热而干燥。农业、渔业、林业为当地的主要产业，咖啡和香草位于出口产品的前列。

生活在马达加斯加的马达加斯加人由十几个民族组成，他们的语言被称为马达加斯加语，法语也是马达加斯加的官方通用语言。

水手拼写

据考证，东南亚人在公元200年到公元500年间发现了通往马达加斯加的航线。下图中的这位水手也在沿着航线行驶，但其中只有一条是通路，就是能将马达加斯加英文名称拼写正确的那条路。你能帮水手找到航线吗？

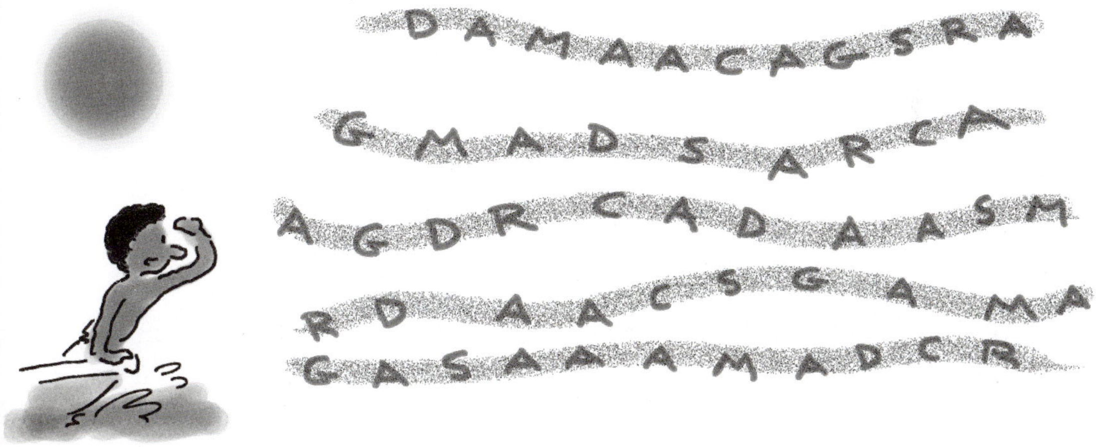

动物之旅

我们参观了一些国家，看过了美丽的风景，遇到了有趣的当地居民，但我们还没有看到任何动物。让我们继续旅行！在非洲，有许多国家公园和保护区，现在我们就去看看肯尼亚的马赛马拉国家保护区、坦桑尼亚的塞伦盖蒂国家公园，以及乌干达的布温迪国家公园。

塞伦盖蒂国家公园和马赛马拉国家保护区

让我们从塞伦盖蒂国家公园开始游览。这里拥有约1.5万平方千米的热带稀树草原、草原和森林。公园里生活着许多不同种类的动物，包括大象、犀牛、狮子、豹和野牛。所有这些动物都非常适应大草原的生活，因为这里有它们的食物，它们还可以在这里漫步。现在，我们要去寻找一只狮子。

不要太接近！狮子虽然与猫是“亲戚”，但比猫凶猛得多。狮群一般由母狮、幼狮和几个成年雄狮组成。母狮是猎手，并且它们一起狩猎、捕获动物。雄狮很容易被认出，因为它们的脸上长有长长的鬃毛，重达150千克～230千克。一只母狮子的体重从120千克到180千克不等。狮子能捕杀大型动物为食，如角马、斑马、水牛等。

你听说过一种叫角马的动物吗？角马非常有趣，而且对保持生态系统平衡非常重要。每年的盛夏，大量的角马结成一群，同时迁移，它们从冬天的家——塞伦盖蒂国家公园，前往夏天的家——马赛马拉国家保护区。

马赛马拉国家保护区是非洲最著名的保护区之一，因其开阔的景观和其中生活的令人难以置信的野生动物而得名。特别是角马大迁徙时，

有趣的事实

非洲动物

你知道长颈鹿的舌头有53厘米长吗？长颈鹿长长的脖子可以帮助它吃到合欢树顶端的树叶，长长的舌头可以帮助它避开树枝上的刺儿，这样长颈鹿就可以吃自己最喜欢的食物了！

有趣的事实

古怪的角马

根据一个古老的非洲传说，角马是神使用其他动物的身体部位拼出来的。为什么它的样子很可笑，这就是原因。

你可以看到成千上万的动物，如斑马、羚羊、长颈鹿、鬣狗、豹、狮子、河马和马拉河鳄鱼。

布温迪国家公园

有许多动物生活在平原之外的地方。我们旅行到乌干达布温迪国家公园中的森林山地，这里生活的山地大猩猩约占全世界总量的50%。如果保持安静，你可能会看到一只。山地大猩猩是濒临灭绝的物种，生存下来的数量非常有限。它们生活在森林深处，以树叶、树皮和水果为食。每天晚上，它们睡在周围用植物筑造的巢中。雄性大猩猩成年后，背上会长出一束银色的毛，因此也被称为银背大猩猩。通常情况下，山地大猩猩能够用四肢走路，并能站立在地面上。当它们站立时，身高可以达到1.5米~1.8米。

奇怪的鸟

如果继续南行，前往南非，我们将看到企鹅！可是这个地方从不下雪。企鹅虽然不会飞行，但它们却是游泳健将，游泳游得非常好、非常快。非洲企鹅，又名黑足企鹅，能以20千米/小时的速度游行，并能潜水2分钟。企鹅群居住的地方为企鹅聚居地。

撒哈拉

北上旅行，回到撒哈拉沙漠，我们会遇到一种叫耳廓狐的动物。它的皮毛是浅棕色的，与沙子的颜色一样。它吃各种各样的食物，包括植物、昆虫、蛋、小型啮齿动物。这种狐属动物最出名的特点是耳朵非常大，大大的耳朵不仅能帮助它不停散热保持体温冷却，也能让它听到小昆虫在沙漠中活动的声音。生活在撒哈拉沙漠中的其他动物还有撒哈拉猎豹、单峰骆驼和鸵鸟。

有趣的事实

速度最快的动物

陆地上速度最快的5种动物中有4种生活在非洲。猎豹每小时可以奔跑110千米。角马、狮子和汤氏瞪羚每小时大约可以奔跑50千米。

最高、最冷、最大、最深、最长、最热的非洲

你准备好冒险了吗？我们将访问这个神奇大陆的所有极限之地。

首先，我们前往利比亚的埃尔阿奇亚，那里有记录的最高温度达到了57℃；非洲最冷的地方是摩洛哥的伊夫兰，冬天的温度曾达到-21℃。

接下来，我们前往埃及的尼罗河，这是世界上最长的河流，全长约6650千米。之后，我们前往乌干达和坦桑尼亚，我们可以在约6.9万平方千米的非洲最大湖泊和世界第二大淡水湖维多利亚湖中潜水。如果你站得足够靠近维多利亚瀑布，你就可以感受到非洲最大的瀑布有

多么壮观，落差约110米，宽约1500米。

在肯尼亚与坦桑尼亚的边境，我们可以爬上乞力马扎罗山，这是非洲最高的山峰，海拔约5900米。塔巴纳恩特莱尼亚纳山是南非最高峰，海拔约3500米。

接下来的旅行将会是一场冒险，但是不看一看东非大裂谷，我们的非洲之旅就会变得不完整。东非大裂谷从黎巴嫩开始，向南延伸到莫桑比克。这里的河谷是由独立的山谷和断层组成，包括裂谷的湖泊，如坦噶尼喀湖，全长约6000千米。科学家在大裂谷的东部分支发现了早期人骨和古器物化石，地点靠近肯尼亚和埃塞俄比亚。

CHAPTER 9
大洋洲

地理知识知多少

澳大利亚

首都：堪培拉

官方语言：英语

面积：约761.8平方千米

人口：约2100万（2007年估算）

欢迎来到澳洲大陆

澳大利亚大陆被地理学家以不同的方式定义着。澳大利亚所在的大洋洲包括14个国家，我们要去其中的一些国家旅行，考察当地的地貌和野生动物，品尝当地的美食。

澳大利亚被印度洋和太平洋包围，是全世界7个大陆中最小的一个，但却是大洋洲面积最大的国家。澳大利亚由6个州组成，分别是：新南威尔士州、昆士兰州、南澳大利亚州、塔斯马尼亚州、维多利亚州和西澳大利亚州。其2/3的土地被灼热的沙漠覆盖，因此大多数居民沿着约3.4万千米的温带海岸线居住，那里的气候温和湿润。这个国家的北部地区更具热带气候特点，拥有热带雨林和沼泽。

澳大利亚人

最早居住在澳大利亚的是澳大利亚土著人，他们大约在4万年前来到这里。科学家认为他们是从东南亚乘船到达的。那个时候，这些岛屿相互靠得更近，海平面也没有现在这么高。18世纪末的时候，欧洲移民来到了这里。当时，大概有50万～100万的土著人生活在澳大利亚。后来因为疾病和战争的影响，这个数字有所下降。今天，澳大利亚政府正在设法帮助土著人改善生活，包括赋予他们公民权和拥有土地的权利。

有趣的事实

堪培拉

堪培拉是澳大利亚的首都，也是澳大利亚最大的内陆城市。悉尼和墨尔本都是大城市，但这两座城市都位于海岸边。

还不错的生活

澳大利亚大约生活着1.2亿只羊，是世界上最大的羊毛生产国。羊的品种主要来自南非和英国，这些羊毛非常精细和柔软。当地的农民用狗和马来放牧羊群。有时，牧场上的羊群里有几千只羊，被称为“车站（stations）”。农民使用摩托车和卡车来追踪羊群，把羊的毛剪去，被称为“剪切（shearing）”。采矿业是当地的另一个重要产业，澳大利亚是世界上最大的煤炭和钻石出口国，此外这里还拥有许多其他的矿产。

澳大利亚的生活

澳大利亚人的饮食以肉类为主，尤其是牛肉、鸡肉、猪肉、羊肉（绵羊肉）最为常见。因为在18世纪，澳大利亚是属于英国的，英国的饮食习惯影响了澳大利亚相当长的一段时间。直到19世纪，欧洲和其他地区的移民才来到澳大利亚生活，并将他们的饮食习惯带到这里，丰富了当地的饮食方式。

澳大利亚是体育大国，特别是板球、网球和一种特殊的足球——澳式足球等运动十分流行。当地人也喜欢游泳、冲浪，以及在温暖的海域沿岸航行。

你知道吗？

名字有什么含义？

澳大利亚一词来自拉丁语，意思是“南方的土地”，因澳大利亚地处南半球而得名。

迪吉里杜管

迪吉里杜管是一种乐器，通常由桉树的树干制成，树干经剥皮、修剪，有时还会画上图案。演奏时，它的声音非常低沉，很不寻常。这种乐器有时用于长距离联络，有时在特殊仪式上演奏。

澳大利亚的地理奇迹

澳大利亚的景观让人叹为观止又缤纷多样。这里拥有大堡礁美丽的海水、东部地区崎岖的山脉，以及尘土飞扬的内陆。

大堡礁

戴上你的面具、呼吸管和脚蹼，准备潜入大堡礁！大堡礁位于澳大利亚东北部珊瑚礁海域，全长约2600千米，由近3000个独立的珊瑚礁组成。由于珊瑚是一种生物，这使得这里成为由生物构成的最大建筑。

这个多彩的水下花园拥有超过400种不同的珊瑚，以及超过1500种的鱼类，包括小丑鱼、红色的鲈鱼和珊瑚鳟鱼，它们在珊瑚礁的角落和缝隙游进游出。水母、海葵、海胆、海星等海洋生物锚靠在珊瑚上。许多动物来到珊瑚礁产下自己的宝贝，包括座头鲸（从南极洲一路游过来）和海龟。除此之外，还有超过200种的鸟类在附近筑巢。

大分水岭

大分水岭绵延约3500千米，从昆士兰州的东北部沿东海岸线延伸到维多利亚州。澳大利亚土著部落曾经生活在山脉区域，他们留下的工具已经变成了文物。在18~19世纪，欧洲人来到了这里，在海岸边建造了新的定居点。

这条山脉也被称为东部高地，一些平坦、潮湿的地区被开垦变成良田；而一些陡峭的地区不适合耕种，如澳大利亚的最高峰——科西阿斯科山，海拔约2229米。

热！热！热

我们从澳大利亚东部沿海地区深入内陆，随着温度逐渐上升，我们正在越来越靠近内陆沙漠。辛普森沙漠、吉普森沙漠、大沙沙漠和维多利亚大沙漠是澳大利

你知道吗？

从太空看到的景色

想象一下你现在坐在一艘太空船上，俯视着澳大利亚。你可以看到大堡礁，它是唯一能从太空中看到的有生命的景象。等你回到地球后，再去潜水观看吧！

世界上有什么？

生物礁

珊瑚令人感觉像岩石，但它实际上是活的，是由一层层微小的叫作珊瑚虫的生物构成的。当游客们接触珊瑚时，会伤害这些生物。大堡礁海洋公园保护着大面积的珊瑚礁，那里限制潜水和捕鱼的人数。

澳大利亚汇总

澳大利亚有近20%的陆地是沙漠。这使得它成为世界上第二大荒漠（排在南极洲之后）。另外，这里还有15%的地区降雨量很少，与沙漠近似。这就是说这个国家有35%的地区都是干旱的陆地！你能读懂并回答下面的问题吗？

How many deserts are there in Australia

5 + 4 + 2 = ________

The largest rock in the world is Ayers Rock in Australia. How many miles is it around the base?

$\frac{1}{2}$ of 10 + $\frac{1}{2}$ of 1 = ________

There's a ranch in Australia called Strangeray Springs that is almost as big as Belgium, making it the largest ranch in the world. That's a lot of cows! How many square kilometers is it?

10,000 + 10,000 + 5000 + 5000 + 29 =

____

The Great Barrier Reef is the world's largest coral reef system; it is so big, it can be seen from outer space. It is located just off the coast of Queensland, Australia. How many individual reefs make up this system?

500 + 500 + 1000 + 400 + 500 =

亚最大的沙漠，总面积约为130万平方千米。

澳大利亚的沙漠区域气候炎热干燥。事实上，澳大利亚大陆的降雨量很少，是地球上最干旱的大陆。尽管住在这里的居民很少，但你仍可以在有植物生长和土地肥沃的地方看到牧民饲养牲畜。

在澳大利亚中部有一个巨大的岩石名叫乌鲁汝，也称艾尔斯巨石。作为澳大利亚最为著名的景观，乌鲁汝方圆近1万米，海拔350米。在一天当中，乌鲁汝似乎在不断地改变着颜色，日落时，在晚霞的照射下巨石呈亮红色。乌鲁汝由砂岩构成，它是一块被风化的石山的“蚀余石”。这块岩石对土著文化具有非常特殊的意义。

有趣的事实

陆上电报线

在19世纪，电报是可以无纸发送消息、沟通最快的机器。澳大利亚的电报线路花了将近两年的时间才建设完成，工人们不得不面对恶劣的天气、疾病和腐烂的食物。它连接了澳大利亚北部城市达尔文与南方的奥古斯塔港。

蛇、树袋熊、袋鼠、蜥蜴……

当你四处走动时，一定要睁大眼睛！澳大利亚有一些令人难以置信的野生动物，你在其他地方是找不到的。让我们来看看它们中的一些成员。

鸭嘴兽长着鸭子的嘴和脚蹼，水獭的身体和皮毛，海狸的尾巴，它是一个滑稽的动物。但当这种动物下到水里，所有古怪的部分都使它成为一个优秀的游泳健将。它的脚蹼是完美的划水工具，尾巴帮助它改变方

要知道的词

哺乳动物： 哺乳动物有毛发，是温血动物，并给出生的宝宝喂奶。大多数哺乳动物生下的是幼崽，而不是蛋。但是，有一些哺乳动物属于单孔目，它们先产蛋，然后孵化幼崽。

向。鸭嘴兽用鸭形嘴去寻找食物，因为它已经闭上了它的眼睛、鼻子和耳朵，避免水流入。它可以在水下停留超过1分钟。鸭嘴兽另一个令人惊奇的地方是，它是哺乳动物，却生蛋。

什么动物身高2米，拥有有力的后腿，1小时可以跳跃56千米？你猜到了吗，是袋鼠。澳大利亚有超过70种不同种类的袋鼠。袋鼠宝宝叫乔伊（joey），出生时个子小小的。它爬进妈妈的育儿袋，在那里待2个月，喝奶、成长，直到有一天伸出头来，准备好面对世界。一群袋鼠被称为“暴徒（mob）”。

现在，请抬头看一看桉树，你可能会找到一只树袋熊妈妈带着它的宝宝。最有可能看到的是，它们睡着了。树袋熊一天要睡18个小时！树袋熊就像袋鼠，是有袋的动物。这意味着妈妈的肚皮上有一个袋子，它的宝宝出生后会爬进袋子。小树袋熊在育儿袋中会安全地待 6个月。然后宝宝会骑到妈妈的身上，直到长到大约1岁大。树袋熊每天要吃1千克桉树叶。

第三种类型的有袋动物是袋熊。然而，不像树袋熊，袋熊挖地洞，在地下生活。它们的洞穴之间通常相互连接。袋熊在你的脚下创建了整个社区！袋熊在夜间活动，这意味着它们在晚上出来寻找食物。它们的食物有树皮、草、根茎等。这种动物身材很小，但是动作非常敏捷，当它们遇到麻烦时，可以以40千米/小时的速度奔跑1分钟以上！

澳大利亚蜥蜴比世界上任何地方的都多。这里生活着114种壁虎，壁虎是一种小型蜥蜴，它们可以爬上墙壁，在天花板行走。其他蜥蜴包括伞蜥，以及眼斑巨蜥（一种巨蜥，身长可以长到超过1.8米）。

不要在天空中寻找鸸鹋，它们不会飞翔。鸸鹋是澳大利亚最大的鸟类，身长可以长到1.8米，腿长，翅短。鸸鹋的奔跑速度很快，冲刺时的速度可以达到48千米/小时。另一种不寻常的鸟类是笑翠鸟，由于它们的鸣叫声类似笑声而得名。笑翠鸟以蛇、昆虫和蜥蜴为食。

在内陆地区，你可以找到各种有趣的野生动物，包括野生的狗——人们叫它澳洲野狗，以及红袋鼠和骆驼。这里的许多动物都在炎热的白天睡觉，在凉爽的夜晚寻找食物。

是否真的有塔斯马尼亚魔鬼

塔斯马尼亚是澳大利亚最小也最有名的州。塔斯马尼亚是一个小岛，位于澳大利亚东南部。由于其独特的风景和特有的动物，使它成为一个热门的旅游景点。

你知道吗？

致命的鸭嘴兽

鸭嘴兽看起来是无害的，但雄性的爪子能分泌一种毒液，它会用爪子抓伤攻击者。鸭嘴兽的毒液不是剧毒的，但是对于小动物可能仍然会致命！

有趣的事实

嘶嘶嘶，蛇

在澳大利亚大陆，那里的毒蛇比无毒蛇还要多！澳大利亚是世界上唯一有这情况的大陆。毒性最高的蛇是东部棕蛇、大班蛇和虎蛇等。

魔鬼伪装

这些袋獾（塔斯马尼亚魔鬼）中只有一个是真的，其余的都是伪装的。你能找到那只戴太阳镜、短圆耳朵、有两颗锋利牙齿和一个黑色鼻子的真袋獾吗?

当地居民

最早生活在塔斯马尼亚的居民是塔斯马尼亚原住民，他们在3.5万年前来到那里。在19世纪初，欧洲人来到这里并建立了霍巴特镇。当时那里的定居者大多是囚犯和他们的守卫。如今，大多数当地人生活在靠近海岸的城市，如霍巴特和朗塞斯顿。

地理知识知多少

塔斯马尼亚州

州首府和最大的城市：霍巴特

官方语言：英语

面积：约6.45万平方千米

人口：约49.5万（2008年估算）

地　貌

塔斯马尼亚包括一个主要的岛屿和许多较小的岛屿。地形多变，包括从非常适合耕种的高山平原到崎岖不平的山脉和河谷。塔斯马尼亚的气候温和，冬季和夏季温差较小。在西部地区，从海上吹来的风中含有大量的雨水。该州的东部海岸地区气候较为干燥。这里有记录的最高温度为40℃，出现在1976年1月4日的霍巴特；最低温度是-13℃，出现在1983年6月30日的管家峡谷。

塔斯马尼亚生长着世界上最古老、最高的树木。在西北地区的里德山，有一排树名叫休恩松，树龄已经超过10500岁。在冥河谷，灰树的高度超过91米。

生活在那里的动物

塔斯马尼亚生活着许多不同种类的动物，其中一些有非常有趣的名字。让我们找出这些动物。

条纹袋狸是一种小型有袋动物。它的脑袋大大的、鼻子色粉细小、耳朵大、柔软的皮毛有条纹。它因这些特征而得名。袋狸白天在窝里度过，黄昏出去寻找甲虫、蠕虫和浆果。

塔斯马尼亚树蜥是一种小型蜥蜴，体长2.5厘米~5厘米，腹部橘粉色，喜欢爬树，人们经常能在树上发现它们。它们的家在树皮下或树洞里。树蜥是一种不寻常的爬行动物，大多数爬行动物是生蛋的，但树蜥生的是小树蜥宝宝。

你听说过塔斯马尼亚魔鬼吗？它是一种毛茸茸的、黑色有袋动物，名字源于其可怕的尖叫声和坏脾气。它的身体短而宽，身长不到1米，腿很强壮，脑袋大、耳朵大。这种动物是一种食腐动物，有时也会狩猎。它的学名叫袋獾，是夜行动物，白天在自己的洞穴或山洞里睡觉。

要知道的词

食腐动物： 食腐动物是吃已经死了的动物，而不是捕杀活猎物。

长白云之乡

如果我们沿着澳大利亚的东南方向航行，就可以来到组成新西兰的两大岛屿了。毛利人把新西兰称作奥特

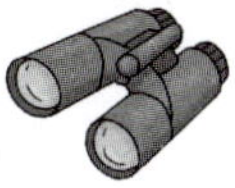

亚罗瓦，意思是“长白云之乡”。新西兰由北岛和南岛组成，北岛气候温暖舒适，因为其位于环太平洋火山带之上，岛上的鲁阿佩胡火山是一座活火山，海拔高度约为2797米。

南岛被南阿尔卑斯山分开，气候寒冷。岛上最高峰库克峰海拔约3754米。这两个岛屿被库克海峡分隔。因为新西兰是完全孤立的岛屿，它的许多植物和动物都是独一无二的，在世界上任何地方都找不到。

地理知识知多少

新西兰

首都： 惠灵顿

官方语言： 英语、毛利语

面积： 约26.9万平方千米

人口： 约427万

绵羊、企鹅和几维鸟

让我们来看看新西兰的风景吧！

当地潮湿的气候是饲养家畜的理想之地。就像澳大利亚一样，新西兰也生活着许多绵羊，大约有4500万只。毫不奇怪，这个国家是世界最大的羊毛出口商之一。当地还大量出口黄油、奶酪等农产品。这里也有许多果园，农民在果园里种植水果，如柑橘、草莓、苹果等。当北半球的一部分地区处于冬季、无法种植水果时，当地的农民们把水果卖给北半球的人。

新西兰的大部分电力源于一种叫作水电站的装置，它利用河流的快速水流来转动一种水轮装置，叫作涡轮机。涡轮机带动发电机转动，产生电力。南岛的克莱德大坝就是一个著名的水电站。因为新西兰的人口稀少，

世界上有什么？

在新西兰的企鹅

这是真的，有两种企鹅是新西兰的本土物种。黄眼企鹅体型较大，身长大约76厘米，体重约6千克。它有着浅黄色的头、黄色的眼睛，头部还有一条黄色的条纹。小企鹅，也称小蓝企鹅，同样生活在澳大利亚和新西兰，它的体重约1千克，身长大约40厘米。

生产带来的污染也少，并且当地的电能主要来自水力发电，所以它被认为是一个环保的国家。

新西兰最著名的象征是不能飞的几维鸟。几维鸟有很好的嗅觉，用鼻子末端的鼻孔寻找地下的昆虫和蠕虫为食。几维鸟也是在夜间活动，为了避开在白天活动的捕食它们的动物。几维鸟的名字是由这里生长着的一种毛茸茸的、叫猕猴桃（kiwi）的棕色水果而来。

新西兰人

新西兰是地球上最后一个形成的人类栖息地。毛利人是那些最初的定居者的后裔，他们约占全国人口14%。新西兰其余的居民都是18世纪到19世纪抵达的欧洲人的后裔，但毛利人的语言仍被作为官方语言。毛利人极大地影响了新西兰的文化。今天，大多数生活在城市的新西兰人有一半以上居住在最大的4个城市：奥克兰、惠灵顿、哈密尔顿和克赖斯特彻奇。

像澳大利亚人一样，新西兰人也非常热爱体育，尤其是徒步旅行、爬山和橄榄球。新西兰橄榄球队被称为“全黑队”（All Blacks），他们经常与澳大利亚小袋鼠队比赛。

澳大利亚周边的岛屿国家

太平洋是世界上最大的海洋。它覆盖了地球表面的1/3。太平洋上约有1万个岛屿。这些岛屿中有一些海拔较高，岛上有火山、肥沃的土壤，其他的则是较低的岛屿或礁石，岛上的土壤并不肥沃。生活在岛上的人包括美拉尼西亚人、密克罗尼西亚人和波利尼西亚人。让我们到巴布亚新几内亚、斐济和马绍尔群岛等国家去看一看。

巴布亚新几内亚

太平洋最大的岛屿新几内亚岛是美拉尼西亚群岛的一部分，巴布亚新几内亚主要部分就位于这里。巴布亚新几内亚的人口非常少，但它是一个最具文化性的地域，拥有超过800种不同的本地语言。

这里的景观多种多样。一条山脉延伸到新几内亚，把人口稠密的热带雨林地区与低洼沿海的沼泽森林地带分隔开来。巴布亚新几内亚的最高峰是威廉山，海拔约4500米，高山上经常下雪。处于环太平洋火山带的附近区域是火山和地震的高发地区，并会引发海啸。岛上茂密的森林和崎岖的地形使许多国家的民族彼此隔离。

地理知识知多少

巴布亚新几内亚

首都和最大的城市： 莫尔兹比港

官方语言： 英语、巴布亚皮钦语

面积： 约46.3万平方千米

人口： 约670万（2007年估算）

泡泡龙

板块运动造成的地理方面的影响包括形成火山、低谷和盆地。位于新西兰的罗托鲁阿湖是著名的间歇泉所在地，喷出的泉水可以达到很高温度，非常危险。下图中的间歇泉里看起来还有一些其他潜在的危险在里面，你能找到其中的9把匕首、4把斧头和5只蜘蛛吗？

澳大利亚、新几内亚等是大洋洲生态区的一部分。在这些国家生活着许多相似的动物。在巴布亚新几内亚，你可以找到袋鼠和负鼠，还可以找到——世界上最大的蝴蝶亚历山大女皇鸟翼凤蝶。这种蝴蝶的雌性比雄性拥有更大的翼展，雌性蝴蝶的翼展约40厘米，体长约为8厘米。长长的翅膀使它们成为厉害的飞行员，它们常常在清晨和傍晚飞行。这里还是许多鸟类的天堂，兰花的品种和数量也比世界上任何地方都要多。

巴布亚新几内亚的人多生活在农场，从事农业。石油、铜和黄金等是该国的主要出口产品。这里还出产一种受欢迎的食物叫野生西米。这种食物提取于西米棕榈，可以制成面包。此外，这里还出产薯类和杧果、香蕉、椰子等水果，以及鱼。

要知道的词

极乐鸟： 极乐鸟是一种色彩非常丰富的鸟类，其尾巴的羽毛很长。雄鸟展示自己美丽的羽毛，以吸引朴素的雌鸟。

斐　济

穿过太平洋，我们来到斐济。斐济是一个岛国，主岛维提岛和瓦努阿岛拥有这个国家的大多数人口。斐济也是美拉尼西亚群岛的一部分。

斐济的气候属于热带海洋气候，全年温暖。这些岛屿的东南面是茂密的雨林，经常遭暴雨袭击，每年降水量达3米。大部分的地形是山区，而且最大的岛屿拥有一座约海拔1200米高的山峰。这些山峰保护低地，并使农

地理知识知多少

斐　济

首都和最大的城市： 苏瓦

官方语言： 英语、斐济语、印地语

面积： 约18333平方千米

人口： 约82.79万（2007年估算）

有趣的事实

夸贾林环礁

夸贾林环礁是世界上最大的珊瑚环礁之一，面积约15平方千米。它也是最大的潟湖之一。

地理知识知多少

马绍尔群岛

首都和最大的城市： 马朱罗

官方语言： 马绍尔语、英语

面积： 约181平方千米

人口： 约52338（2006年估算）

要知道的词

环礁： 环礁是围绕一个火山岛形成的珊瑚礁。由于珊瑚礁由珊瑚组成，岛下沉时，礁内部逐渐变为封闭区域，形成潟湖。

作物在干燥的季节生长，如糖作物，是斐济的一个重要产业。

采矿业和旅游业也是这里的重要产业，但许多人还是依靠农业生活。斐济人口主要是斐济土著，也有印度族人。因此，在这个国家的文化是非常多样的，包括从印度、中国和欧洲流传过来的文化传统。

马绍尔群岛共和国

最后我们来到马绍尔群岛共和国，它是密克罗尼西亚群岛的一部分。马绍尔群岛属于热带气候，这里从5月到11月是雨季。因为大部分的地区都处于海平面高度，所以这些岛屿经常被热带风暴袭击，就是所谓的台风。

马绍尔群岛的经济主要依靠农业，当地居民在小农场种植经济作物，如椰子、番茄、瓜类等食物。渔业一直是这里的一个重要产业。马绍尔人还是熟练的独木舟制造者。这里每年都会举行一项特殊的海洋独木舟比赛，叫作快速帆船（proa）年度大赛。

CHAPTER 10

南极洲及北极地区

南极洲

在旅程中，我们参观了一些各具特色的国家，遇到了各种各样的人，并了解了很多不同寻常的有趣动物。我们的最后一站是一个几乎无人居住、只生活着少数动物的大陆。南极洲是世界上最大的荒漠，这里寒冷、荒凉，哪里都是冰天雪地。在本章中，我们将了解南极的气候和科学研究情况。我们将前往南极和北极，与一些企鹅等在寒冷天气里生活的动物会面，我们将了解全球变暖对这个冰雪世界会产生什么样的影响。因此，穿得暖暖的，让我们去南极吧！

地理知识知多少

南极洲

总面积： 约1400万平方千米

没有被冰覆盖的陆地面积： 约30万平方千米

被冰覆盖的陆地面积： 约1370万平方千米

最高点： 文森峰，约5000米

最低点： 海平面

世界的底部

南极洲是世界第五大陆，是地球上最寒冷、最干燥、风最大的地区。整个南极洲被南极冰盖几乎完全覆盖，冰盖有1.6千米～4.8千米厚。积雪由大量冰冻水构成。但南极被称为荒漠是因为那里的降水量与非洲撒哈拉大沙漠几乎相同！这里之所以如此寒冷，其中一个原因是除了所有的雪和冰外，这里还有被称为下降风的寒冷刺骨的风，以320千米/小时的风速吹过。这些风从高处下来，袭击海岸，引起强烈的暴风雪。

南极洲拥有世界上最大的冰架：罗斯冰架和菲尔希

纳–龙尼冰架。冰架是指与大陆的冰盖相连的海上大面积固体浮冰，它可以形成冰川，或与海岸线相遇。罗斯冰架有的地方达700米厚，菲尔希纳–龙尼冰架约有610米厚。在夏季，冰架崩解，因此脱离形成冰山。一些南极冰山有1.3万平方千米大。

没有黑夜

如果你打开一张世界地图，可以看到5条主要的纬度线，其中一条是南极圈。在北半球，也有一条类似的线叫作北极圈。在南极圈南部的南极洲上，有一天太阳光会连续不断地照射这里，让这里只有白天没有黑夜，有一天则是只有黑夜没有白天。出现这种现象是因为地球相对太阳是倾斜的。这一天被称为至日，一个发生在冬季，另一个发生在夏季。在南半球，冬天从4月持续到10月，夏天从11月持续到次年3月。

没有雪吗

从海岸行至内陆，你会找到在内陆中平均海拔最高、降水量最少的地方。一些山组成横贯南极山脉，形成了一条分割南极洲东部和西部的长线。 这是地球上的长山脉之一，全长3500千米，从罗斯海一直延伸到威德尔海。出人意料的是，横贯南极山脉的山峰和干旱的山

你知道吗?

被雪晒伤

在南极即使是冬天，你也有可能被晒伤，因为雪反射的阳光会照射在你的皮肤上。阳光灿烂时，当你在雪地里欢快地玩耍时，别忘了涂防晒霜。

要知道的词

至日：至日这个词是由两个拉丁词sol（太阳）和sistere（静止）组成的，意思是太阳好像不动。在至日，对于北极圈以内的地区或南极圈以内的地区而言，要么是一整天的阳光，要么是一整天的黑暗。

谷并没有被冰覆盖，因为风会吹走所有的降雪，并且这个地区也很少下雪。

这里最高的山脉是埃尔斯沃思山脉，就像一个长链，长320千米，宽48千米；最高峰为文森峰，海拔约4892米。文森峰也是南极大陆的最高点。

南极洲还分布着几座火山，其中大多数都处于休眠状态，但是除了一座。这里的埃里伯斯火山是地球最南端的一座活火山。它海拔约3794千米，坐落在罗斯岛上，地处环太平洋火山带。

考察站

如果看一看四周，你会发现这里没有房子、车道、汽车和自行车，没有人常年居住在这里。

只有科学家住在这里。他们住在一种叫作考察站的特殊的建筑里。为了帮助保暖，一些研究站修建在了地底下。科学家们需要准备至少可以维持一年生活的食物、水和医疗用品，即使他们认为自己不会在那里停留那么长时间，因为天气是不可预测的，暴风雪任何时刻都有可能中断、阻止飞机或直升机补充物资。此外，这里天气非常寒冷，飞行员只能在地面上停留一会儿，否则燃料就会开始冻结。如果发生这种情况，飞机不能起飞，飞行员们也会被

试试这个

白天睡觉

想象一下，当你准备上床睡觉时，外面阳光灿烂，你会是什么感觉，你将怎么睡觉？然后再想象一下，早晨你醒来后，屋外一片漆黑。如果没有阳光，你一整天会做些什么？

有趣的事实

南极在热带

大约5亿多年前，南极洲被称为古冈瓦纳大陆的一部分，南极洲西部在赤道以北。地处温暖的热带气候带，大陆上生活着各种动物，包括恐龙！

困在这里。

这些研究人员在这里做什么呢？好吧，尽管这里非常冷、刮着大风、缺乏水源，也有一些动物已经适应了这里的环境在此生存下来。一些研究人员来到这里研究这些动物如何适应恶劣的环境；还有一些科学家是来研究冰本身的，并寻找那些被困在冰层里的微小生物。在南极洲，冰盖之下有大约70个湖泊，有些湖泊已经被埋藏几十万年。也许，这些湖泊里面仍然有活着的生物。如果真是这样的话，那么在太阳系里那些同样贫瘠冰冷的地区就有可能也生存着类似的生物，如木卫二，它是木星寒冷的“月亮（天然卫星）”。

欢迎来到南极

南极是位于南极洲中心附近的一个寒冷而平坦的区域，这里常年覆盖着冰雪，海拔高度约为2835米。覆盖在南极的冰大约有2740米厚。极地冰盖每年以很慢的速度向威德尔海移动，所以南极点的确切位置是随着时间而变化的。地理南极点的标志是一个标牌和一根桩子，每年都在新年这一天移动到一个新的南极点位置。标牌上写的是罗尔德·阿蒙森和罗伯特·斯科特抵达南极的日期、留言和这里的海拔高度。还有一个用于拍摄照片的象征性南极标志，这个标志的地点是根据地理南极点的位置确定的。两个标志之间的距离很近。

有趣的事实

跳舞的光芒

在南极夏天的夜晚，仰望天空，你会看到一片绿色的、舞动着的光芒。这种神奇的现象被称为南极光。在北半球也会出现同样的现象，被称为北极光。

罗尔德·阿蒙森来自挪威，罗伯特·斯科特来自英国，他们是第一批到达南极的探索者。阿蒙森比斯科特早一个月抵达这里。美国海军上将理查德·伊夫林·伯德于1929年飞越南极。已经有许多探险队到达过南极。在夏天，虽然太阳总是高照，但只是位于地平线上倾斜照射，因此只能给予非常少的热量。这就是南极是地球上最寒冷地区之一的原因。这里比北极寒冷得多，因为南极的海拔高度比北极高。在阿蒙森–斯科特南极站，有记录以来的最高温度为-14℃，最低温度为-83℃。

南极的气候与其他内陆地区相似，这里几乎没有降水。因为天气太过极端，南极不适宜动物或植物生存。在这一章里，我们会看到一些生活在南极洲海岸边的动物。

北极：我在地球之冠

北极位于北冰洋的中心，地处海冰的中间。在北极没有永久考察站，但有一些流动考察站。这是一种在海洋上建造的大型冰结构的建筑物。在这些漂浮在大洋上的建筑物里，科学家们进行着测量海洋、了解海洋生物等工作。你能想象在一块浮冰上做实验吗？在接近北极点的地区，海洋的深度达到4261米。距离北极最近的海岸是格陵兰，距离约710千米。

罗伯特·E.皮尔里被认为是第一位到达北极的探险家，他于1909年4月6日到达这里。他和他的团队——一位名叫马太·汉森的美国人和4个因纽特人乘坐狗拉雪橇到达了这里。许多到达过极点的人，无论是徒步还是使用飞行器，都受到了质疑。有时很难确定这个人是否到达了正确的地点。但北极是在1926年5月12日首次被发现，是由阿蒙森和一个叫林肯·埃尔斯的人发现的，

你知道吗？

像，但不同

就像南极一样，北极也在每年夏天几个月经历极昼和在每年冬天几个月经历极夜。当北半球是夏天时，南半球是冬天；当北半球是冬天时，南半球是夏天。

找极点

地球上有两个北极点，一个是地理极点，一个是磁极点。一位探险家用指南针发现了北极的磁极点。你知道如何找到吗？请根据以下提示寻找。

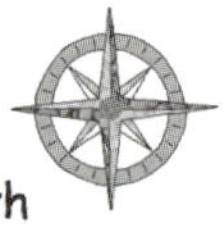

- Go three steps east.
- Go three steps north.
- Go two steps east.
- Go four steps north.
- Go one step west.
- Go two steps north.
- Go three steps west,
  and there you are!

黑暗中

每年有186天，太阳是照不到北极点的。

事实上，北极并不是地球的顶端。从太空中看，地球是一个圆球，没有所谓的顶端和底端——北极和南极。

他们乘坐着名叫“挪威”的飞艇。阿蒙森是既到达了南极又到达了北极的第一人。

北极地区虽然不如南极洲的南极寒冷，但也是非常荒凉寒冷的。只有地处斯堪的纳维亚半岛北部的萨米人、西伯利的亚雅库特人和涅涅茨人，以及加拿大的因纽特人居住在这里。其中一些人仍然过着游牧生活，靠捕猎满足食物和其他基本需求，如工具和衣物等。其他人则居住在城市，引导着更多的人过定居生活。

企鹅、海豹、鲸鱼……

在南极洲和北极地区，生活着各种各样的能够抵抗寒冷气候的神奇动物。我们要了解企鹅、蓝鲸、海豹，以及生活在北极的唯一陆地动物北极熊和飞行能力惊人的北极燕鸥。

随天气穿衣

全世界的企鹅有18个品种，但在南极洲最出名的要算帝企鹅。帝企鹅是世界上最大的企鹅，身长可达1.2米，体重22千克~37千克，背上长有黑色羽毛，肚子上长有白色羽毛，脖子处长有黄色羽毛。像所有的企鹅一样，它们都是游泳健将，可以下潜到50米的海面下寻

像企鹅那样走路

企鹅走路时会有趣地摇摆，而且帝企鹅和王企鹅这样走路可以用脚跟和尾巴来避免身体其他部位与冻土接触。假设你变成了一只企鹅，你也试试用脚跟蹒跚走路吧！

企鹅找不同

尽管南极大陆地域辽阔，但企鹅们仍然能够辨认出伴侣和宝宝。有人在探索冰山时发现了两只企鹅（下图），你能指出它们之间8个不一样的地方吗?

注意：两只企鹅朝向不同不能算在内。

找食物，并可潜入水中长达18分钟。它们的食物是鱼和鱿鱼等。

当帝企鹅准备好交配并照顾自己的孩子时，一只雌性帝企鹅会轻轻用它的鳍状肢把蛋推给它的伴侣。这只蛋从未接触寒冷的冰，这点是很重要的。

然后，雌性帝企鹅摇摇摆摆地回到海洋寻找食物。雄性帝企鹅拥有较大的聚居地，多达6000只企鹅爸爸聚居在一起，准备共同面对南极严寒的冬季和照顾它们的蛋。雄性帝企鹅把蛋放到温暖的皮肤下面，保护蛋免受寒冷。

在以后的64天里，企鹅爸爸们都要留在那里，直到小企鹅破壳而出。刺骨的寒风围绕着杂乱地拥挤在一起的企鹅们，它们轮流挤到中心取暖。在此期间，雄性帝企鹅可能会失去将近20千克的体重。它们不能离开那里去获取食物和水。

经过持久的等待，雌性帝企鹅——在这段时间已经吃过了不少食物，会回来照顾它们的小企鹅。当小企鹅孵化出来后，如果雌性帝企鹅还没有回来，雄性帝企鹅可以咳出一点点食物，以保证小企鹅不被饿死。雌性帝企鹅可以通过叫声找到伴侣。

最后，雄性帝企鹅可以离开去寻找食物，经过同样的旅程来到大海。

南极的企鹅品种还包括阿德利企鹅、巴布亚企鹅、王企鹅和马可罗尼企鹅。

带尾巴的鲸

世界上最大的动物是什么？当然是蓝鲸！成年蓝鲸可达30米长。蓝鲸属于须鲸，以磷虾为食。磷虾是一种像小虾一样的生物，在海洋里游走。鲸鱼是哺乳动物，不属于鱼类，虽然它们一生都生活在水中。蓝鲸有肺，它们通过气孔呼吸空气，并且会给自己的宝宝哺乳。在南极洲的夏季，生活在南部的蓝鲸，迁移到南极的北方地区繁殖。

要知道的词

鲸须： 鲸须是鲸鱼嘴里的梳状结构，用来代替牙齿，把吸进口中的磷虾和鱼类从水中过滤出来。

海　豹

在南极地区共发现4种本土海豹，它们是：韦德尔氏海豹、罗斯海豹、食蟹海豹和豹形海豹。此外，南部的象海豹有时也会来到南极洲，但大部分时间它们是在其他地方度过的。让我们来了解一下豹形海豹。

豹形海豹是体型最大的南极本地海豹。它们也是最具有攻击性的海豹，会猎杀其他海豹。豹形海豹身长可达3米，体重达340千克。由于它们的灰色身体上带有黑色的斑点，因此被叫作豹形海豹。豹形海豹的牙齿长而锋利，身体苗条而有力，在水下具有极好的视觉和嗅觉，这使它们成为出色的捕食者。它们的主要食物是企鹅，也吃鱼、鱿鱼和磷虾。

有趣的事实

生活在最大陆地的最小动物

由于南极内陆条件恶劣，全年在那里生活的唯一的动物是无翅蚊，这是一种小昆虫，身长约1.3厘米。它们飞行不需要翅膀，因为到处都有大风！

大白熊

跟着燕鸥北上，我们来到了北极熊的领地。这些熊是世界上最大的陆地食肉动物。雄性北极熊体型巨大，体重可达680千克以上，身长将近3米。

北极熊的耳朵和尾巴都很小，但爪子又大又宽，可以帮助它们在冰面上停留和行走。宽大的爪子也有助于北极熊游泳。北极熊有着厚厚的皮毛和脂肪用来保温，这使得它们能漂浮在北冰洋冰冷的海水里。它们的嗅觉极其灵敏，并使用这个本领来捕捉海豹。北极熊站在一个冰洞旁等待海豹从水里跳出来呼吸时，它在海豹来到水面之前就能闻到海豹的气味。然后，它在海豹出水呼吸的瞬间，抓住海豹美餐一顿。北极熊有时也会漫游千里寻找海豹，但它们通常在较小的范围内活动。许多生活在北极的其他动物都是依靠北极熊来获得自己的食物的，包括北极狐和海鸥，它们吃北极熊的“剩饭剩菜”。

我们的冰怎么了

现在，让我们来看看，由于全球变暖，北极和南极的冰雪世界发生了什么变化。

地球变暖

还记得在南极考察站的科学家们吗？他们中的一些人研究的题目是：冰的历史。在几百年、几千年甚至几百万年前，地球的大气是什么样的？解答这些问题可以帮助科学家们了解近代地球大气是如何变化的。这些科学家已经做了一些研究，他们告诉我们，在大气中有太多导致温室效应的气体，尤其是二氧化碳。许多科学家认为，这些气体来自我们的工厂和汽车尾气的污染。过多的二氧化碳集聚在地球表面附近，阻

> **你知道吗？**
>
> **极地飞行**
>
> 北极燕鸥身形虽小，但飞行能力却很强大。它能完成世界上最长的迁徙。从它出生的地方——北极飞到南极。这次旅行大约3.5万千米长。这几乎和绕整个地球飞行一样长！作为回报，它们每年可以经历两个夏季，还会看到更多的白天。

当冰袭来

2005年，世界上最大的浮冰在南极搁浅。这是一座像饼子一样的冰山，高120千米——相当于伦敦到巴黎距离的一半。看看冰山登陆时是谁陷入了险境——划掉下面格子里与描述相对应的单词，你会找到答案。

Types of shirts

Words with a double "l"

Words with the same letter at the start and the end

Types of boats

Words that are the opposite of fat

Things you use when you swim

TEE	NOON	SAIL	PENGUINS	SKINNY
SWALLOW	COULDN'T	THIN	GET	PILLOW
PLUMP	CANOE	TO	FLUFF	THE
GOGGLES	SEA	GOLF	FLIPPER	TO
KAYAK	FIND	LLAMA	SWEAT	FOOD

碍地球热量向空间释放，这会使地球变暖。如果地球变暖太多，所有的冰都会融化，将导致海洋的水位上升，淹没城市，影响植物、动物和人类的生存。

在南极洲，尽管气候依然寒冷，但有些冰已经开始融化了。当温度升高时，冰盖会发生破裂，巨大的冰块漂浮到海洋。这是十分危险的，因为冰块会漂浮到船的航线上，融化的冰还增加了海洋的海平面高度。南极大陆拥有全世界90%的冰和70%的淡水。如果所有这些冰都融化，海平面会上升60米。这足以淹没沿海城市，使人们无法生存。

要知道的词

大气层：大气层是包围地球的气体层。大气层中的一种主要气体是氧气，就是我们呼吸的气体。还有一种主要气体是二氧化碳，是植物生存需要的气体。

保护美好的家园

冰融化导致的另一个问题是栖息地的丧失。对于生活在北极的北极熊，冰提供给了它们一个狩猎海豹的场所。当一年中天气变暖太早，它们就会失去狩猎的平台，并被迫游泳几千米，寻找另一个地区的冰。同时，北极熊必须在夏天到来之前吃足够的食物，以使它们度过困难的温暖月份。如果北极熊营养不良，它们就无法生育，北极熊的数量也会下降。此外，熊妈妈还用冰为它们的幼崽做窝。如果一年中冰融化得过早，母亲们就要游到更远的距离，寻找一块更好的冰来建造巢穴。当食物变得稀缺，北极熊

有趣的事实

真是斜的吗

地轴的倾斜度大约为$23\frac{1}{2}$，地轴是一个假想轴，这条假想轴通过南极点和北极点。北极点指向北极星的方向。

就会进入城镇，在垃圾桶里寻觅食物。这会导致人类和熊的接触，是非常危险的。

专家指出，如果我们要减缓全球变暖的影响，帮助极地地区维护生态环境，就需要减少使用化石燃料，例如，石油、汽油等。这是一个挑战。我们认为有3种方式，有助于减少使用化石燃料：

- 也许你可以步行或骑自行车到学校，而不是让你的父母开车送你。
- 也许你可以回收报纸、罐头盒和瓶子，这样它们可以重复使用。与重新制造相比，这样做可以较少使用化石燃料。
- 认真环顾你的社区，看看用什么方法可以帮助我们的星球和保卫冰！

附录：答案

简单符号　第7页

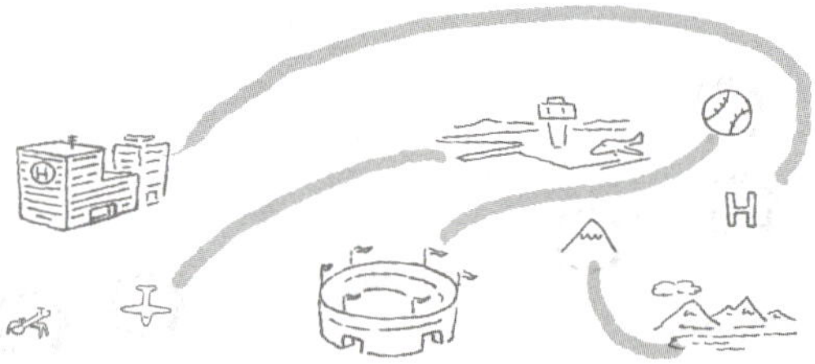

老鼠闯迷宫　第9页

岛屿识别　第11页

古怪单词　第21页

Mountain moving makes men miss Missouri.
Cowardly Colorado cows chew cuds.
Angels are attracting ants in Arizona.
Why would wise women wander Wyoming?
Illinois isn't in Indiana, is it?

穿越大海　第12页

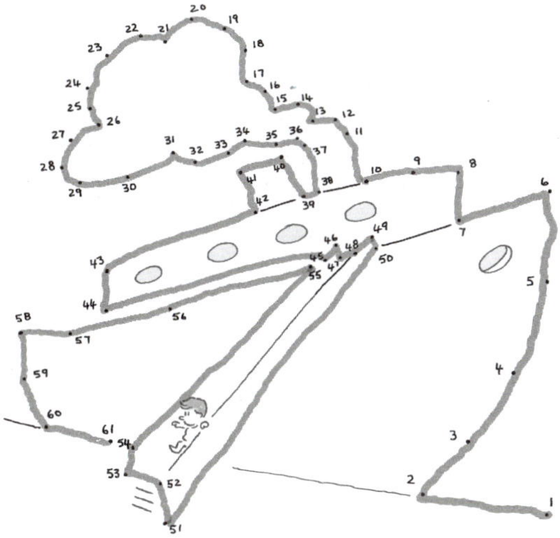

迷你山　第24页

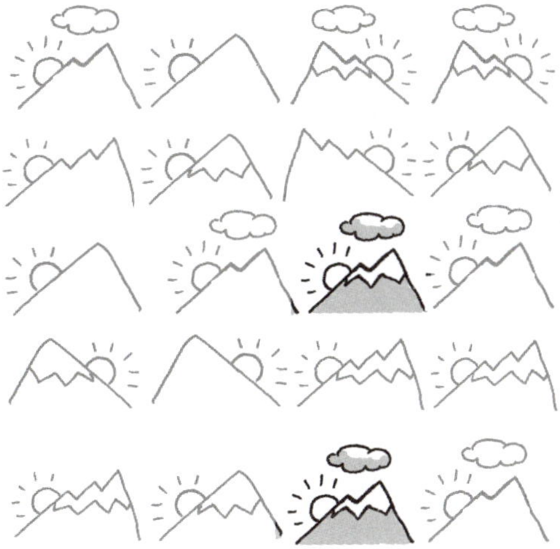

断　层　第31页

A	U	L	T	**F**	**A**	**U**	**L**	**T**	F	L	A	T
F	A	F	A	U	L	F	A	L	T	U	F	U
T	L	U	F	U	A	L	T	F	A	U	T	L
A	F	L	**F**	**A**	**U**	**L**	**T**	U	A	L	T	Y
U	F	U	**A**	T	F	U	A	L	T	F	F	A
F	**T**	**L**	**U**	**A**	**F**	T	L	U	F	L	U	T
A	A	F	**L**	U	A	L	F	U	A	L	T	A
U	F	U	**T**	U	A	F	L	A	F	L	F	T
L	T	U	A	F	T	L	U	A	T	F	A	U
F	A	U	F	A	L	U	T	U	L	U	A	F
F	A	U	**T**	**L**	**U**	**A**	**F**	A	U	T	L	F

墨西哥奇迹　第41页

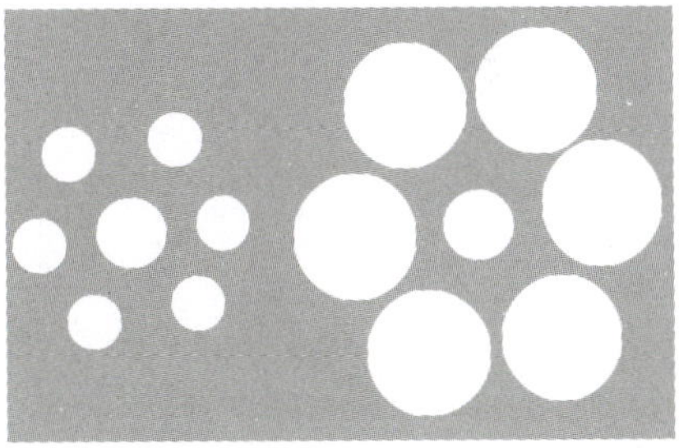

一样大。

发现海湾　第37页

变形拼图　第45页

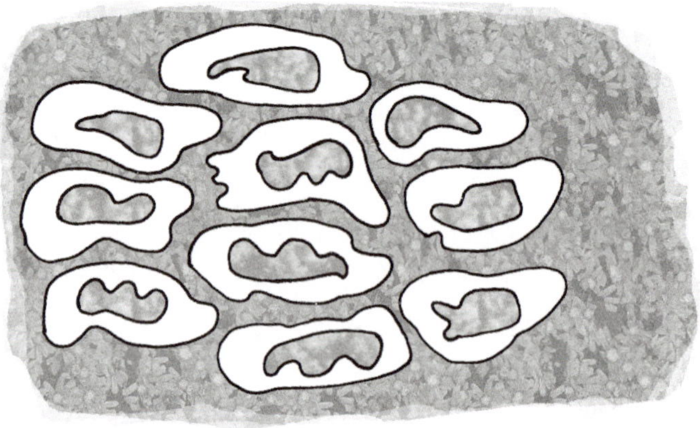

地球上最快乐的运动　第50页

列岛游　第61页

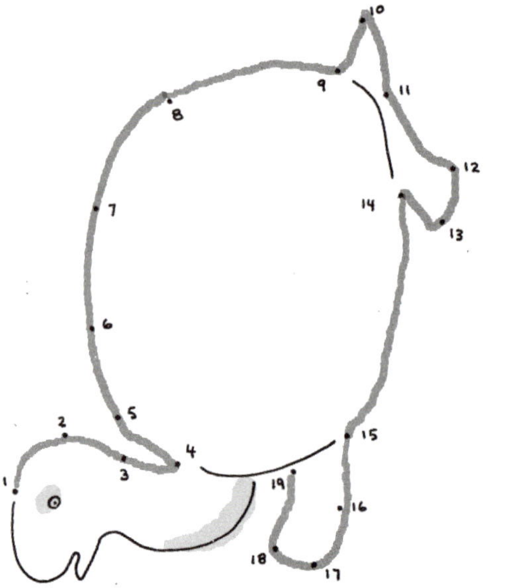

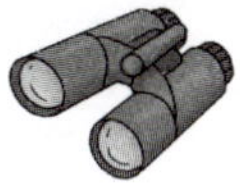

小山和山谷　第71页

Bay - Baia (Portuguese)
Mountain - Berg (German)
Valley - Valle (Italian)
Border - Granica (Polish)
Volcano - Vulkaan (Dutch)
Desert - Desierto (Spanish)
Beach - Plage (French)

反义词　第77页

Under - Over
Deep - Shallow
Solid - Molten
Full - Empty
Dry - Wet
Valley - Mountain
Smooth - Rough

EUROPEAN　第67页

意大利

查查英语词典，你会找到这些单词的含义。

ape, are, ear, era, ere, Euro, Europe, nap, nape, neap, near, nope, nor, ore, one, open, opera, our, pan, pane, par, pare, pea, pear, peer, pen, peon, per, Peru, pone, pore, pour, preen, prone, prune, pure, ran, reap, roe, roan, rope, run, rupee

阿尔卑斯山　第78页

1
2
3
4
5
6
7
8
9
10
11
12
13
14
15
16
17
18
19
20
21
22
23
24
25
26
27
28
29
30
31
32
33

洞穴代码　第81页

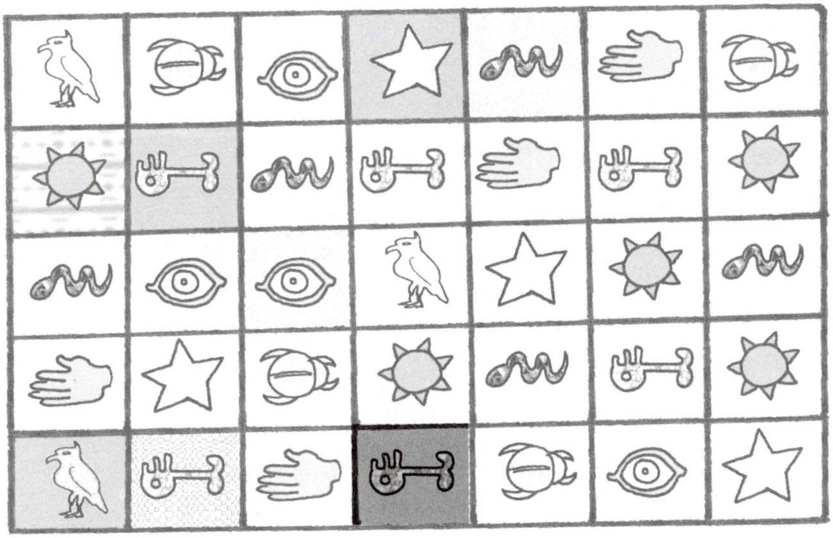

干燥的天空　第90页

Make It "To Go" 第92页

B	O	Y	R	E	T	T	O	P	W	A	M	U	P
S	E	R	V	X	J	E	L	E	W	N	B	X	O
B	O	A	T	S	O	S	S	T	Y	S	O	W	S
O	B	A	M	U	L	E	T	S	K	P	A	E	O
A	M	U	F	A	Y	W	S	S	O	O	U	A	E
J	E	A	M	X	J	E	A	T	G	T	S	P	M
W	G	I	T	L	E	M	R	O	A	T	E	O	U
C	N	U	T	U	W	F	U	T	M	O	V	N	F
A	I	P	O	M	E	U	S	U	E	X	R	S	R
P	H	B	O	A	L	W	A	P	S	U	M	E	E
B	T	O	F	U	R	N	I	T	U	R	E	S	P
U	O	B	O	K	Y	N	I	A	M	U	K	Y	F
E	L	T	O	P	D	W	E	A	O	E	S	O	U
F	C	Y	D	T	T	S	E	R	V	A	N	T	S

生活在哪里 第98页

幸运屋　第108页

来自南非的电子邮件　第112页

复印大陆　第118页

水手拼写　第121页

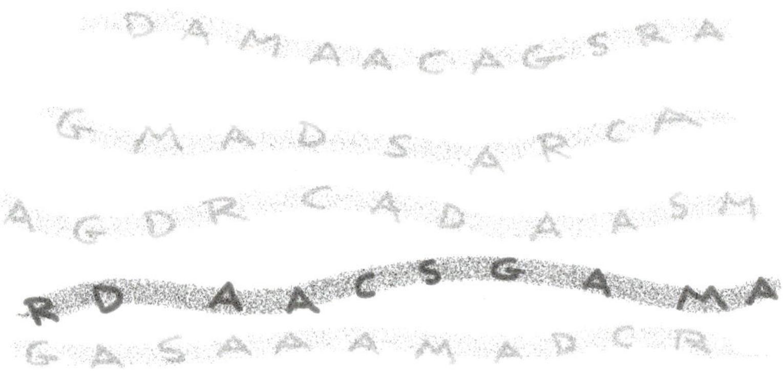

澳大利亚汇总　第132页

There are eleven deserts in Australia.

Ayers Rock is 5.5 miles around at its base.

Strangeray Springs is 30029 square kilometers.

The Great Barrier Reef is made up of 2900 reefs.

魔鬼伪装　第136页

泡泡龙　第142页

找极点　第152页

企鹅找不同　第154页

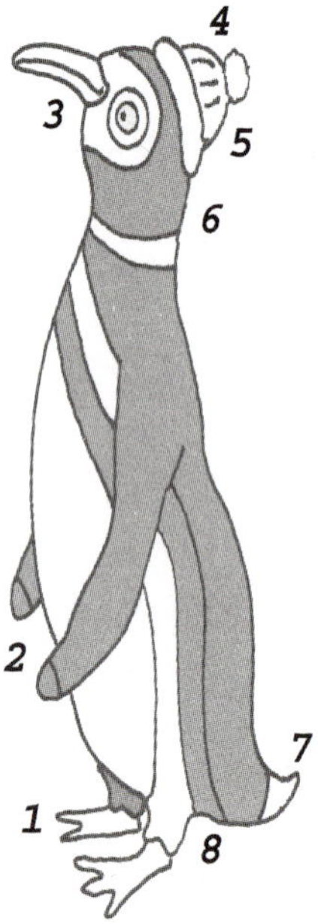

当冰袭来　第158页

TEE	NOON	SAIL	PENGUINS	SKINNY
SWALLOW	COULDN'T	THIN	GET	PILLOW
PLUMP	CANOE	TO	FLUFF	THE
GOGGLES	SEA	GOLF	FLIPPER	TO
KAYAK	FIND	LLAMA	SWEAT	FOOD